武汉大学
优秀博士学位论文文库
编委会

主　任　李晓红

副主任　韩　进　舒红兵　李　斐

委　员（按姓氏笔画为序）

　　　　　　马费成　邓大松　边　专　刘正猷　刘耀林
　　　　　　杜青钢　李义天　李建成　何光存　陈　化
　　　　　　陈传夫　陈柏超　冻国栋　易　帆　罗以澄
　　　　　　周　翔　周叶中　周创兵　顾海良　徐礼华
　　　　　　郭齐勇　郭德银　黄从新　龚健雅　谢丹阳

武汉大学优秀博士学位论文文库

基于合理性理论的来源国形象研究：构成、机制及策略

Research on the Country-of-Origin Image from the Perspective of Legitimacy Theory: Components, Mechanism and Strategies

周玲 著

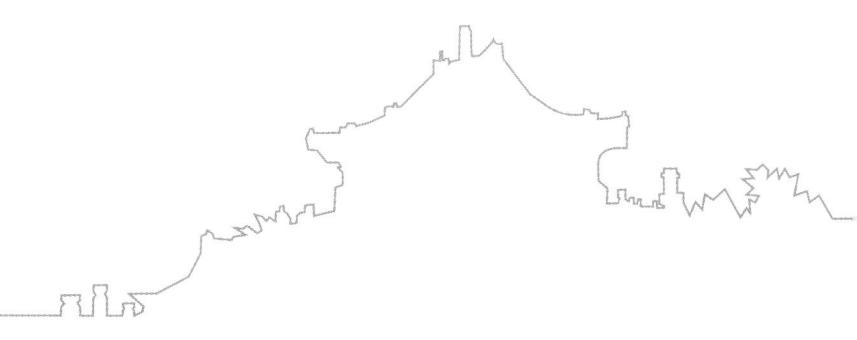

武汉大学出版社
WUHAN UNIVERSITY PRESS

图书在版编目(CIP)数据

基于合理性理论的来源国形象研究:构成、机制及策略/周玲著.—武汉:武汉大学出版社,2015.3
武汉大学优秀博士学位论文文库
ISBN 978-7-307-14852-9

Ⅰ.基… Ⅱ.周… Ⅲ.品牌—产品形象—研究—国外 Ⅳ.F279.1

中国版本图书馆 CIP 数据核字(2014)第 263733 号

责任编辑:任 翔 宋 焱 责任校对:汪欣怡 版式设计:马 佳

出版发行:**武汉大学出版社** (430072 武昌 珞珈山)
（电子邮件:cbs22@whu.edu.cn 网址:www.wdp.com.cn）
印刷:武汉市洪林印务有限公司
开本:720×1000 1/16 印张:10.75 字数:149 千字 插页:2
版次:2015 年 3 月第 1 版 2015 年 3 月第 1 次印刷
ISBN 978-7-307-14852-9 定价:25.00 元

版权所有,不得翻印;凡购我社的图书,如有质量问题,请与当地图书销售部门联系调换。

总　序

创新是一个民族进步的灵魂,也是中国未来发展的核心驱动力。研究生教育作为教育的最高层次,在培养创新人才中具有决定意义,是国家核心竞争力的重要支撑,是提升国家软实力的重要依托,也是国家综合国力和科学文化水平的重要标志。

武汉大学是一所崇尚学术、自由探索、追求卓越的大学。美丽的珞珈山水不仅可以诗意栖居,更可以陶冶性情、激发灵感。更为重要的是,这里名师荟萃、英才云集,一批又一批优秀学人在这里砥砺学术、传播真理、探索新知。一流的教育资源,先进的教育制度,为优秀博士学位论文的产生提供了肥沃的土壤和适宜的气候条件。

致力于建设高水平的研究型大学,武汉大学素来重视研究生培养,是我国首批成立有研究生院的大学之一,不仅为国家培育了一大批高层次拔尖创新人才,而且产出了一大批高水平科研成果。近年来,学校明确将"质量是生命线"和"创新是主旋律"作为指导研究生教育工作的基本方针,在稳定研究生教育规模的同时,不断推进和深化研究生教育教学改革,使学校的研究生教育质量和知名度不断提升。

博士研究生教育位于研究生教育的最顶端,博士研究生也是学校科学研究的重要力量。一大批优秀博士研究生,在他们学术创作最激情的时期,来到珞珈山下、东湖之滨。珞珈山的浑厚,奠定了他们学术研究的坚实基础;东湖水的灵动,激发了他们学术创新的无限灵感。在每一篇优秀博士学位论文的背后,都有博士研究生们刻苦钻研的身影,更有他们导师的辛勤汗水。年轻的学者们,犹如在海边拾贝,面对知识与真理的浩瀚海洋,他们在导师的循循善诱下,细心找寻着、收集着一片片靓丽的贝壳,最终把它们连成一串串闪闪夺目的项链。阳光下的汗水,是他们砥砺创新的注脚;面向太阳的远方,是他们奔跑的方向;导师们的悉心指点,则是他们最值得依赖的臂膀!

博士学位论文是博士生学习活动和研究工作的主要成果,也是学校研究生教育质量的凝结,具有很强的学术性、创造性、规范性和专业性。博士学位论文是一个学者特别是年轻学者踏进学术之门的标志,很多博士学位论文开辟了学术领域的新思想、新观念、新视阈和新境界。

据统计,近几年我校博士研究生所发表的高质量论文占全校高水平论文的一半以上。至今,武汉大学已经培育出18篇"全国百篇优秀博士学位论文",还有数十篇论文获"全国百篇优秀博士学位论文提名奖",数百篇论文被评为"湖北省优秀博士学位论文"。优秀博士结出的累累硕果,无疑应该为我们好好珍藏,装入思想的宝库,供后学者慢慢汲取其养分,吸收其精华。编辑出版优秀博士学位论文文库,即是这一工作的具体表现。这项工作既是一种文化积累,又能助推这批青年学者更快地成长,更可以为后来者提供一种可资借鉴的范式抑或努力的方向,以鼓励他们勤于学习,善于思考,勇于创新,争取产生数量更多、创新性更强的博士学位论文。

武汉大学即将迎来双甲华诞,学校编辑出版该文库,不仅仅是为武大增光添彩,更重要的是,当岁月无声地滑过120个春秋,当我们正大踏步地迈向前方时,我们有必要回首来时的路,我们有必要清晰地审视我们走过的每一个脚印。因为,铭记过去,才能开拓未来。武汉大学深厚的历史底蕴,不仅在于珞珈山的一草一木,也不仅仅在于屋檐上那一片片琉璃瓦,更在于珞珈山下的每一位学者和学生。而本文库收录的每一篇优秀博士学位论文,无疑又给珞珈山注入了新鲜的活力。不知不觉地,你看那珞珈山上的树木,仿佛又茂盛了许多!

李晓红

2013年10月于武昌珞珈山

论文创新点

本文首次将合理性理论和外国者劣势理论中的理论概念和分析模式,引入到企业来源国形象和合理化行为研究中,考察了来源国形象的构成机理、作用机制及企业应对负面来源国形象的合理化策略。具体而言,本文的理论创新主要体现在以下三个方面:

(1)引入合理性理论,对来源国形象进行了新的解读,揭示了来源国形象为一种大范围合理性认知

到目前为止,来源国形象的维度仍未形成一个系统的成熟的理论系统(Roth and Diamantopoulos, 2010)。这种基础概念的界定模糊,导致了来源国研究较少有操作性的营销启示(Samiee, 2010),无法给企业从哪些方面来改进和提升来源国形象以良好的指导。

本文引入合理性理论,从一个更完整且更具可操作性的视角,探讨了来源国形象的构成维度及其形成机制。研究结果发现,来源国形象本质上是消费者从实用形象和社会形象两大维度所形成的对某国企业及产品的一种大范围合理性感知,其中:①来源国的实用形象包括产品品质、价格优势、经济水平和企业实力四个方面的因素,消费者会根据这四个方面来判断来自这个国家的企业及其提供的产品,是否能够满足其基本的实用性需求。②来源国的社会形象包括商业伦理、综合国力、体系制度和文化规范四个方面的认识。当一个国家的经济状况、政治体系、社会文化、科技环境和自然生态等因素的认知,与消费者所在国家的制度和文化一致时,消费者会认为该国具有较好的社会形象。

(2)运用合理性溢出效应理论,阐释了来源国形象的影响机制,丰富了现有来源国效应的研究

已有研究对于来源国形象影响机制的解释主要是将来源国形象

当作一个产品外在属性线索,与其他属性一起影响产品判断(Peterson and Jolibert,1995;Knight and Calantone,2000;Samiee,2010),这既没有揭示来源国形象这种判断的本质,同时也缺乏对现有部分现象(如中国企业在国际市场的来源国形象低迷,但产品却仍然畅销)的解释力(Samiee,2010)。

本文基于合理性溢出效应理论视角,证明了来源国形象本质上是消费者对该国所有企业及产品的一种大范围合理性认知和判断,它通过合理性溢出效应而影响消费者对该国特定企业及产品的支持:消费者会分别基于来源国实用形象和社会形象形成对该国企业及产品小范围合理性的判断,进而决定对企业及产品采取何种支持态度和行为(购买、口传或抵制)。本文提出的来源国形象,会从实用维度和社会维度对其所属企业产生合理性溢出效应,也为中国企业国际化进程中所出现的现象,提供了较好的理论解释。

因此,本文中对合理性理论的引入,进一步扩宽了来源国形象研究领域的理论基础,证实了在来源国形象影响东道国消费者购买行为过程中,除却产品评价、感知价值和感知质量等产品维度之外的中介机制——合理性溢出效应。

(3)基于外国者劣势立场,实证了企业合理化行为在应对来源国形象制约而提升市场绩效过程中的能动作用,拓展了合理性理论在营销领域的研究

现有合理性理论在营销领域的研究重点,只在于凸显合理性对于企业营销战略决策和市场绩效的重要性,缺乏从企业国际化营销视角,来考察国际企业合理化行为对企业跨国绩效的影响机制(Handelman and Arnold,1999)。已有制度理论的相关研究所提出的企业合理化战略或行为,也主要是针对"新进入者劣势"(Suddaby and Greenwood,2005)而言的,基于外国者劣势视角来考察国际化企业如何发展合理化营销行为,以应对来源国形象影响的研究仍十分薄弱。

本文主要基于外国者劣势视角,首次实证研究考察了企业的来源国形象、合理化营销战略行为与消费者支持之间的关系。一个质性研究与两个量化研究的结果表明:在来源国形象较差而导致企业所在来源国的企业及产品大范围合理性低迷时,企业可以通过绩效行

为和制度行为两类合理化行为,来提高自身企业小范围的合理性,以获得更高的消费者支持。但这一过程中,企业合理化行为的效果,还取决于与企业差来源国形象的具体类型的匹配。

因此,本研究既从企业国际化角度证明了合理化战略在企业经营中的重要性和市场绩效,又从企业的国际化营销战略行为层面,拓展和丰富了现有合理性理论在营销领域里的应用。因此,从这两方面来讲,本文所得研究结论对于制度理论而言都是较大的丰富和补充。

摘　要

为了进一步提升在国际市场上的竞争力，中国企业在国际化市场上已经开展了诸多积极努力的尝试。虽然如中兴、海尔等企业，都为提高和发展其国际市场的合理性而做出了诸多努力，但总体而言，中国企业及其产品在国际市场上的合理化进程，在很大程度上受制于"中国制造"的负面来源国形象(徐晓琳，2009；郑风田、唐传英和张莹，2002)，受到了很多阻碍和质疑。那么，来源国形象究竟通过怎样的机制制约了企业及其产品的合理性？而在这个过程中，国际化企业又可以如何通过自身的合理化战略行为来应对较差来源国形象对自身产生的负面影响，从而改善市场绩效呢？这对于中国等后进国家的企业都具有十分重要的意义。

但已有的关于来源国研究的相关文献，既缺乏对来源国形象构成维度的清晰界定，对来源国形象作用机制的解析也缺乏对现实现象的解释力；而制度理论和企业合理性相关文献，对于企业合理化战略行为及其市场绩效的探讨，也多是集中于"新进入者劣势"的新企业而谈的，较少有基于"外国者劣势"的国际化企业角度所发展的合理化行为。因此，现有研究文献不能对来源国形象、企业跨国经营中的合理化行为和市场绩效之间的关系做出明确的回答。鉴于此研究空白，本文首次将合理性理论引入来源国研究，基于外国者劣势和合理性溢出的相关理论，探讨了国际化企业的来源国形象的构成机理、作用机制、企业应对策略及效果。

鉴于对来源国形象概念缺乏共识而造成了该领域的理论体系不成熟，加之企业合理化行为和来源国形象之间联系的研究又较为匮乏，本文系统采用了混合研究策略的设计安排(Grewell，2003)，融合了定性研究和定量研究，力求通过两种研究手段的优势互补获得更好的研究效果。研究结果表明:来源国形象本质上是消费者对某国企业及产品的一种大范围合理性感知和反应,它对消费者购买行为和企业市场绩效的影响机制是合理性溢出效应:消费者会基于来源国实用形象和社会形象形成对所有某国企业的大范围合理性感知,从而影响到其对该国某特定企业小范围合理性的判断,进而决定是否给予企业及其产品以支持。在来源国形象较差而导致大范围合理性低迷时,企业可以通过绩效行为和制度行为两类合理化行为,来提高自身小范围的合理性,以获得更高消费者支持。但企业合理化行为的效果,还取决于与企业差来源国形象的具体类型的匹配。具体表现为:在来源国实用形象较差时,相比绩效合理化行为,企业在东道国的制度合理化行为所导致的消费者支持要更高。在来源国社会形象较差时,相比制度合理化行为,企业在东道国的绩效合理化行为所导致的消费者支持要更高。

本文共分为绪论、文献综述、定性研究、定量研究和结论五大部分共计六章。其中,第一部分为第1章的绪论,主要阐述本文的现实背景、理论背景、研究问题和研究思路。第二部分为第2章的文献综述,主要是对来源国形象、企业的合理性及合理化行为、外国者劣势三方面的文献进行回顾和评述,为后续的定量研究奠定理论背景,发现现有研究的空白和缺陷。第三部分为第3章的定性研究,主要是以中国来源国形象为背景,以美、印两国消费者对中国企业及产品来源国形象感知的网络评论为样本,使用扎根理论研究方法进行分析,以初步揭示并验证来源国形象的构成维度和影响机制。第4章和第5章的定量研究为本文的第四部分,主要是基于第3章定性研究的发现,通过实验方法对来源国形象的合理性溢出效应、企业合理化行为和来源国形象对消费者支持的交互作用进行分析和验证。第五部分为第6章的结论,整理归纳了全文的研究结论及理论意义和管理启示,并进一步指出了研究局限和未来的研究方向。

各章具体概要如下:

第1章为绪论。绪论部分首先阐释了本文的现实背景和理论背景,在此基础上明确本文的研究问题、研究思路和方法。本文的主旨在于:从制度理论的合理性理论视角,基于外国者劣势和合理性溢出的相关理论，采用定性研究和定量研究相结合的顺序性探索研究策略方法，来探讨来源国形象的构成机理和影响机制，并揭示国际化企业的来源国形象、合理化战略及消费者支持之间的关系。

第2章是文献综述。本章回顾和评述了来源国形象及效应的相关研究文献、企业合理性及合理化战略的相关研究文献、外国者劣势的相关研究文献，为后续的研究奠定理论基础，并明确现有研究的空白和缺陷。

第3章是来源国形象的扎根理论研究。作为本文的研究一，该定性研究主要是基于对美、印两国消费者网络评论的扎根理论研究，运用合理性理论视角来分析来源国形象形成和作用的深层机制，揭示并验证来源国形象的合理性溢出效应：当企业不为东道国制度中的涉众所熟悉而陷入外国者劣势时，东道国消费者就会基于实用和社会两大维度的来源国形象形成对所有该国企业的大范围的合理性感知，这种大范围合理性又会通过溢出效应影响消费者对特定的某中国企业的小范围的合理性判断、态度和行为。

第4章为来源国合理性溢出效应的实证研究。作为本文的研究二，该定量研究主要是在研究一扎根理论研究结果的基础上，基于外国者劣势理论和合理性溢出效应理论，通过1个实验揭示并验证：①来源国形象通过影响企业/产品合理性这一中介变量来正向影响消费者对该企业/产品的支持。②来源国实用形象和社会形象在合理性溢出效应中对消费者支持的影响有不对称性，社会形象会调节实用形象对消费者支持的影响。

第5章为企业合理化行为影响机制的实证研究。作为本文的研究三，该定量研究主要是在研究一和研究二的研究结果基础上，基于外国者劣势理论和合理性溢出效应理论，通过2个实验揭示并验证：①在来源国形象这种大范围合理性低迷的情况下，企业可以采用绩效和制度合理化行为来提升本企业的小范围合理性。②来源国形象和企业合理化行为对消费者支持存在交互作用：在来源国实用（社会）形象较差时，相比绩效（制度）合理化行为，企业的制度（绩效）合理化行为所导致的消费者支持要更高。

第6章是结论与讨论。本章的主要内容是总结和概括本文研究结论,阐释本文的理论贡献和管理启示,阐明研究不足并指出未来研究方向。

总之,本文首次将合理性理论视角和外国者劣势理论视角的理论概念和分析模式,引入到企业来源国形象研究和企业合理化行为研究中,既考察了来源国形象的构成和机制,又揭示了企业来源国形象、合理化营销行为与消费者支持之间的关系。这既拓展和丰富了现有关于来源国形象的研究,又丰富了现有合理性理论在营销领域里的应用,还基于企业的来源国形象发展处于"外国者劣势"下的国际化企业的合理化营销行为,从企业操作战略层面对现有来源国理论和制度理论做出了一定的拓展。

关键词：来源国形象 合理性 合理性溢出效应 企业合理化行为 外国者劣势 消费者支持

Abstract

Chinese enterprises have done lots of efforts to enhance their competitive advantages in the global market. However, restricted by the negative "Made in China" image, Chinese enterprises face more suspicions and obstacles in the process of internationizition (Xu, 2009; Zheng, Tang and Zhang, 2002). There is still a long way for Chinese enterprises to compete with their stronger competitors from advanced countries. How does the Country-of-origin Image (CoI) restrain the legitimacy of Chinese enterprises and their products? What can the international enterprises do to cope with the negative impact of their CoI and hence to improve the marketing performance? Both of the two questions are of great significance to enterprises in developing countries, such as China.

Through the literature review in the 3 domains of CoI, legitimacy and liability of foreignness, this research finds out that the extant literatures have still not have a convinced conclusion of how the CoI is formed. In addition, extant explanation for CoI's effect also lacks the relevance of the practices. The literature in the institutional theory can't support our questions with good answer either. Most of the extant literatures in enterprises' legitimation strategies or actions have been used to cope with the liability of newness rather on liability of foreignness. Therefore, this research will draw on the theory of liability of foreignness and legitimacy spillover to explore the relationship between CoI, enterprises legitimation actions and consumer support.

Referring to Grewell's (2003) sequential explanatory strategy, this research conducts a grounded-theory study and 3 experiments and finally finds out that: CoI is composed of pragmatic image and social image; CoI is an essentially kind of recognitions and judgments of broad-scope legitimacy and will exert its impacts on consumer support through the legitimacy spillover effect. Consumers would judge legitimacy of one specific enterprise by its CoI and then decide whether give support to the enterprise or not. In the condition of having negative CoI, enterprises can guard and increase their narrow-scope legitimacy through legitimation actions and therefore gain consumers' support. However, the effect of the legitimation actions depends on the type of negative CoI. When the CoI is negative in the pragmatic dimensions, institutional legitimating actions are more effective to gain consumer support than the performative legitimating actions. While when the CoI is negative in the social dimensions, performative legitimating actions are more effective.

This paper comprises five parts of introduction, literature review, qulitive study, quantitive study and conclusion. The introduction part includes the 1st chapter which mainly clarifying the background and significance of this research as well as the research purpose and contains. Literature review comprises the 2nd chapter, in which we review and analyze the extant literature such as CoI theory, legitimacy theory and theory of liability of foreignness. Chapter 3 is the qulitive study. Chapter 4 and 5 consists of the quantitive studies. In Chapter 6, we conclude the results and management and practice meaning, as well as pointing out the limits in our research and making some suggestions to future research.

The outline of each chapter is as follow:

Chapter 1 is introduction. It points out the practical background and theoretical significance of the research, as well as clarifying the research topics and methods in the study.

Chapter 2 is literature review. We review the important literature at home and abroad that is related to the research topics such as Country-of-Origin Image, Country-of-Origin effect, institutional theory, legitimacy theory and the theory of liability of foreignness.

Chapter 3 is the grounded-theory study of the CoI. Based on the grounded theory, formation and effect mechanism of Country of Origin Image (COI) is built by collecting and analyzing the comments and discussion about Chinese products or brands both from American and Indian netizens. The conclusions show that CoI, which is composed of pragmatic image and social image, is an essentially kind of recognitions and judgments of broad-scope legitimacy and will exert its impacts on consumer support through the legitimacy spillover effect.

Chapter 4 is the quantitive study to explore and examine the legitimacy spillover effect of CoI. Based on the theory of the liability of foreignness and legitimacy spillover, the study conducts an experiment and reveals that (1) CoI positively impacts the enterprise's legitimacy and hence positively influences the consumer support, and (2) the social CoI moderates the relationship between pragmatic CoI and consumer support.

Chapter 5 is the quantitive study to examine the role of enterprise's legitimation action. The conclusions of 2 experiments suggest that (1) in the condition of having negative CoI, enterprise can guard and increase their narrow-scope legitimacy through legitimation actions and therefore gain consumers' support. (2) However, the effect of the legitimation actions depends on the type of negative CoI. When the CoI is negative in the pragmatic dimension, institutional legitimating actions are more effective to gain consumer support than the performative legitimating actions. While when the CoI is negative in the social dimension, performative legitimating actions are more effective.

Chapter 6 is research conclusion, which concludes the whole research result and gives discussion. The chapter also states the shortcoming of the research and gives some suggestions for further research.

Abstract

In brief, this research firstly induces the legitimacy theory into the research on CoI to explore the relationship of enterprise's CoI, legitmation actions and consumer support. It contributes in several ways. First, it enriches and extends the knowledge of CoI research from the perspective of legitimacy theory. Second, it furthers and enlarges the application of the legitimacy theory in marketing research from the perspective of internationalizational marketing.

Key words: Country-of-origin Image Legitimacy Legitimacy spillover effect Legitimation actions Liability of foreignness Consumer support

目　录

第1章　绪论 ·· 1
1.1　研究背景 ··· 1
1.1.1　现实背景 ·· 1
1.1.2　理论背景 ·· 3
1.2　研究问题 ··· 4
1.3　研究思路 ··· 5

第2章　文献综述 ·· 8
2.1　来源国形象的概念及影响 ······························· 8
2.1.1　来源国形象的概念及维度 ························· 8
2.1.2　来源国效应的作用机制 ···························· 12
2.2　企业的合理性及合理化行为 ···························· 14
2.2.1　制度理论概述 ······································· 14
2.2.2　合理性的定义和分类 ······························ 15
2.2.3　企业合理性与市场绩效 ···························· 18
2.2.4　企业合理化战略及行为 ···························· 21
2.3　国际化企业的外国者劣势 ······························· 24
2.3.1　外国者劣势的概念及构成 ························· 24
2.3.2　外国者劣势与国际企业绩效 ····················· 25
2.4　研究评述 ··· 27
2.4.1　现有来源国相关研究存在的问题 ················ 27
2.4.2　合理性理论在来源国研究中的引入 ············· 29

第3章 研究一:来源国形象的扎根理论研究 ……………31
3.1 研究介绍 ……………………………………………32
3.1.1 研究背景 ……………………………………32
3.1.2 研究目的 ……………………………………34
3.2 研究设计 ……………………………………………34
3.2.1 研究方法 ……………………………………34
3.2.2 理论抽样 ……………………………………36
3.3 研究过程 ……………………………………………40
3.3.1 开放编码 ……………………………………40
3.3.2 主轴编码 ……………………………………43
3.3.3 选择编码 ……………………………………43
3.3.4 理论饱和度检验 ……………………………53
3.4 理论分析 ……………………………………………54
3.4.1 来源国形象:大范围合理性认知 ……………55
3.4.2 来源国效应:合理性溢出效应 ………………57
3.5 研究结论 ……………………………………………59
3.5.1 研究发现 ……………………………………59
3.5.2 研究局限 ……………………………………60

第4章 研究二:来源国形象合理性溢出效应实证研究 …………62
4.1 研究目的 ……………………………………………62
4.2 理论基础和假设演绎 ………………………………63
4.2.1 合理性溢出效应 ……………………………63
4.2.2 外国者劣势下的企业合理化进程 ……………64
4.2.3 来源国形象的合理性溢出效应 ………………65
4.3 预实验 ………………………………………………67
4.3.1 预实验设计 …………………………………67
4.3.2 来源国形象操纵情境的开发 …………………68
4.3.3 合理性和消费者支持的测量 …………………71

4.4 实验一 …… 72
4.4.1 实验操作和程序 …… 73
4.4.2 结果与讨论 …… 73

第5章 研究三：企业合理化行为的影响机制研究 …… 79
5.1 研究目的 …… 79
5.2 理论基础和假设演绎 …… 80
5.2.1 企业合理化行为对其消费者支持的影响 …… 80
5.2.2 来源国形象在企业合理化进程中的影响 …… 83
5.3 实验二 …… 85
5.3.1 实验设计和程序 …… 85
5.3.2 结果与讨论 …… 86
5.4 实验三 …… 90
5.4.1 预实验 …… 91
5.4.2 实验设计和程序 …… 92
5.4.3 结果与讨论 …… 93

第6章 结论 …… 97
6.1 研究结论 …… 97
6.1.1 来源国形象的合理性溢出效应 …… 98
6.1.2 企业合理化行为的战略作用 …… 99
6.2 研究贡献 …… 100
6.2.1 理论创新 …… 100
6.2.2 管理启示 …… 104
6.3 研究局限 …… 106
6.4 未来的研究方向 …… 108

参考文献 …… 110

附录 …… 129

致谢 …… 147

表 目 录

表 2-1 现有研究关于来源国形象的维度划分 ……………10
表 2-2 现有关于来源国效应作用机制的研究总结 ………13
表 2-3 合理性的分类 ………………………………………16
表 2-4 应用合理性理论的营销研究文献汇总表 …………19
表 2-5 获取/提高合理性的战略及相应行为 ………………23
表 3-1 样本网站的情况介绍 ………………………………38
表 3-2 部分样本帖子及其基本情况示例 …………………41
表 3-3 开放编码形成的 16 个范畴 ………………………44
表 3-4 基于主轴编码的四大类关系 ………………………46
表 4-1 来源国形象的测量语项 ……………………………69
表 4-2 中介变量和因变量的测量语项 ……………………72
表 4-3 实验一中企业合理性的中介效应分析结果 ………75
表 5-1 实验二中企业合理性的中介效应分析结果 ………89
表 5-2 实验三中企业合理性的中介效应分析结果 ………96
表 6-1 研究结果 ……………………………………………98

图 目 录

图 1-1　本文的研究思路 …………………………………6
图 3-1　扎根理论流程 ……………………………………36
图 3-2　中国来源国形象的形成及影响 …………………48
图 3-3　来源国形象的合理性溢出效应 …………………59
图 4-1　来源国实用形象和社会形象对消费者支持的影响 ……76
图 5-1　来源国形象和企业合理化行为对消费者支持的
　　　　交互影响 ………………………………………88
图 5-2　差来源国形象类型和企业合理化行为类型对消费者
　　　　支持的交互影响 ………………………………95

第1章 绪　　论

1.1　研究背景

1.1.1　现实背景

以2001年中国加入世贸为起点,中国企业的国际化征程走过了波澜起伏的10年。10年来,中国企业"走出去"方兴未艾。据商务部统计:2011年,我国境内投资者共对全球132个国家和地区的3 391家境外企业,进行了非金融类对外直接投资,累计实现直接投资600.7亿美元,同比增长1.8%。其中股本投资和其他投资456.7亿美元,占76%;利润再投资144亿美元,占24%(商务部,2012)。

海外投资额的迅猛增长,让中国企业成为全球竞争者瞩目的焦点,不过这只是中国企业国际化的入门费而已。虽然海尔、TCL、华为、吉利等一大批国内著名企业纷纷加快了国际化进程,然而时至今日,欧美市场对中国知名企业仍然是所知寥寥。2011年跻身于世界500强的中国大陆企业有61家,但入围的中国企业中真正具有国际竞争力的并不多,而在这61家企业中,海外收入在全部收入中所占比重均很小(李东红,2011)。

为了进一步提升在国际市场上的竞争力,中国企业在国际化市场上已经开展了诸多积极努力的尝试。如中兴和华为等企业,均重视合作生产、技术标准化和产品创新活动,通过遵循东道国市场标准、与东道国企业同构、积极改善绩效等方式以提升国际市场上产品的实用性感知;而与之不同的是,海尔等企业却更注重在"融资、融智、融文化"的导向下,在美国、欧洲和印度等市场进行当地设计、生产和营销,并积极投身于政府资助和社区赞助。这些抑或着眼于提升绩效抑或着眼于适应制度的企业行为,都是企业用于表达对东道国环境中制度、规范、认知要求的顺应和遵从,可以帮助企业自身获取或提高在东道国市场的合理性。合理性(legitimacy),是指在一个由社会构建的规范、价值、信念和定义的体系中,一个实体的行为被认为是可取的、恰当的、合适的一般性的感知和假定(Suchman,1995)。

与国内营销相比,企业的国际营销往往意味着环境的巨大变化,这些变化涵盖的范围既包括各个国家的市场特征和消费者特征,也包括各个国家不同的法令法规、社会规范和惯例、文化传统(岳劲,2010)。如果企业没有遵守东道国的法律法规,不能与之保持社会规范契合,没有获得当地社会文化的认同,企业的营销行为就将被认为是不正当的,从而不被接受和认可。这种正当的认知,在制度理论中,被称为是合理的或制度化了(DiMaggio and Powell,1983;Suchman,1995)。只有表现出与制度要求的一致性,企业才能获得在东道国经营的合理性,从而得到当地消费者的支持。

根据制度理论战略学派的观点,合理性可以被视为一种资源,它是企业获取如高管、高质员工、财务资源、技术、顾客、网络和政府支持等其他资源的先决条件(Aldrich and Fiol,1994;Harman and Freeman,1989;Meyer and Rowan,1977;Scott,1994a,1995b;Zucker,1987;Zimmerman and Zeitz,2002)。但由于存在国与国之间的制度差距(institutional distance),跨国经营的企业在东道国往往会面临"外国者劣势"(liability of foreignness)(Kostova and Zaheer,1999),即面临纯本土经营公司所没有的特定成本,需比东道国本地企业付出更高的成本来塑造其声誉和善意,从而在获取合理性的投入上要高于本地企业。因此合理性对于国际化企业尤为重要,已经成为国际化企业在国家化经营中面临的一个关键问题(Palazzo and Scherer,2006)。

但可惜的是,虽然如中兴、海尔等企业都为提高和发展其国际市场的合理性而做出了诸多努力,但总体而言,中国企业及其产品在国际市场的合理化进程,在很大程度上受制于"中国制造"的负面来源国形象(徐晓琳,2009;郑风田、唐传英和张莹,2002),受到了很多阻碍和质疑。海尔、光明等品牌的海外之路纷纷受阻,李宁、美的等品牌的国际营销也如履薄冰。尽管我们有一些产品做到了世界第一,但真正被世界接受的品牌还非常有限(林晓虹,2009)。即使中国的产品质量没有问题,人们也会给我们负面评价并予以抵制(王海忠和陈增祥,2010)。

那么,来源国形象究竟是通过怎样的机制,制约了国际化企业的海外发展进程?而这个过程中,国际化企业又可以如何通过自身的合理化战略行为,来应对来源国形象产生的负面影响,从而改善市场绩效呢?回答以上问题,需要对来源国形象的构成、作用及企业应对策略有全面和清晰的了解。

1.1.2 理论背景

回顾以往关于来源国形象及效应的文献,我们发现既有研究对来源国形象的构成维度至今仍未形成成熟的、共识的理论系统(Roth and Diamantopoulos,2010),这种基础概念和理论框架的不确定,导致了来源国研究较少有从操作性层面来分析企业如何基于既定来源国形象而发展战略以获取市场绩效的指导意义(Samiee,2010);此外,现有研究对来源国效应影响机制的解读也大多只是视来源国形象为一项重要的、用于判断产品感知质量的外在线索来探讨其对消费的影响——消费者基于对某国的形象认知来推断来自于该国的产品的属性,进而做出消费判断(Peterson and Jolibert,1995;Knight and Calantone,2000;Samiee,2010)。这一解释将来源国形象的构成原因局限在产品因素自身,忽略了其背后所依附的社会制度、规则、文化等因素(Verlegh and Steenkamp,1999),因而限制了来源国相关理论和现实的相关性以及对现象的解释力(Usunier,2006;Samiee,2010)。

再对既有关于制度理论的相关营销文献进行归纳总结,本文发现:近年来,营销学科已经利用合理性理论来理解社会导向的营销行为(Handelman and Arnold,1999)、顾客信任(Grayson,Johnson and Chen,2008),渠道结构(Grewal and Dharwadkar,2002;McFarland,Bloodgood and Payan,2008)、公司战略(Sheng,Zhou and Li,2011)、消费者购买决策(Li,Yang and Yue,2007;Wilkes and Laverie,2007;Kozinets,2002;Arthur,2006)、品牌塑造(Holt,2002;Kates,2004)和行

业演化(Humphreys,2011)等问题。除此之外,随着全球化进程的加快,国际化营销研究领域也开始做一些探索性的尝试,引入合理性理论来解释企业跨国并购(Kuilman and Li,2009)、品牌的跨国转化(郭锐、汪涛和周南,2010)等。这些研究成果为我们理解消费者行为和企业营销战略提供了更为丰富的视野,但却并没有提供有关"来源国形象如何制约国际化企业的海外发展进程,企业又当如何发展出相应的合理化战略行为以应对"的答案。即使已有研究分别从企业的能动性(从被动到主动,如Oliver,1991)、企业的内部和外部(如Rao,Chandy and Prabhu,2008)等视角提出了企业应对环境压力的合理化战略,但这些战略存在有限的作用边界,即它们主要应对"新进入者劣势"(Liability of newness)(Suddaby and Greenwood,2005)发展而来。所以它们虽然凸显了合理性对于企业市场营销绩效的重要作用并为市场中的新进者如何获得成功提出了很多有效的指导,但这些合理化的行为未必适合于指导处于外国者劣势中的国际化企业,因为其忽视了国际化企业实际经营过程中所面临的来源国形象和制度差异,如果只是纯粹挪用则可能反而会产生"生搬硬套、回避或过激"的负面效果(Ashforth and Gibbs,1990)。

1.2 研究问题

因此,基于来源国形象的已有研究成果,再结合制度理论中的合理性视角和外国者劣势视角,发展出一个整合来源国形象和企业合理化行为在内的理论框架,用于分析来源国形象的形成机理和作用机制,以及揭示企业如何通过发展合理化行为来削弱负面来源国效应以获取合理性——这对现有来源国形象和合理化战略的相关研究是非常必要的补充和拓展,又能为中国等后进国家的国际化企业提供实践启示。

本文将从合理性理论视角,基于外国者劣势和合理性溢出的相关理论,来探讨国际化企业的来源国形象、合理化行为及消费者支持之间的关系,以解答:

(1)消费者究竟是如何解读某一产品或企业的来源国形象的?

(2) 来源国形象是通过怎样的机制对企业及其产品的市场绩效产生影响的？

(3) 在进行海外经营而陷入"外国者劣势"时，企业应该如何发展正确的合理化营销战略，以削弱较差来源国形象对企业的影响，从而帮助企业在东道国获得较好的市场绩效？

1.3 研 究 思 路

本文的目的，是基于合理性理论视角来探讨来源国形象的构成、机制及企业应对策略，具体需要考察国际化企业的来源国形象、合理化行为及消费者支持之间的关系。要完成该目的，第一步就是要揭示出当消费者在启动来源国形象作为是否决定支持某家企业的一大参考标准时，这种来源国形象的潜在含义和作用机制。但如前文所述，来源国形象研究领域存在基础概念界定模糊、相关理论发展不够成熟的现状，加之企业合理化行为和来源国形象之间联系的研究又较为匮乏，因此为了保证取得较好的研究结论，本文决定采用Creswell（2003）所主张的顺序性探索研究策略（sequential explanatory strategy）来展开（如图1-1所示）。

顺序性探索研究策略通常以第一阶段的定性研究优先，既可能有也可能没有特定的理论视角，其次，再通过定量数据的收集和分析，来验证和充实定性研究的方法。就其最基本的层面而言，这种策略的目的是用定量的数据和结果来辅助说明定性的结果，尤其适合对多元、复杂现象的分析（Morgan，1998）。

以往研究表明，来源国形象是消费者对某产品来源国的总体认知（Jaffe and Nebenzahl，1984，2001），属于模糊的、复杂的、无法用必要和足够的标准来进行定义的概念（Fehr，2006；Rajeev, Ahuvia and Bagozzi；Shaver, Schwartz, Kirson and O'Con-nor，1987），因此对来源国形象的构成维度至今仍难形成令人信服的公论（Roth and Diamantopoulos，2010）。因此了解来源国形象这一多元而复杂的概念，需要采用能够考察复杂性的适合研究方法。Creswell（2003）所主张的顺序性探索研究策略这种多元研究方法正好适合于本文的研究情境。

论文章节	研究目的及内容
一、研究介绍	阐释本文的研究现实背景和理论背景,明确本文研究问题,并阐明研究思路
二、文献综述	回顾和评述来源国形象及效应的相关研究文献、企业合理性及合理化战略的相关研究文献、外国者劣势的相关研究文献,为后续的研究奠定理论基础,并明确现有研究的空白和缺陷
三、研究一:来源国形象的扎根理论研究	主要基于对美、印两国消费者网络评论的扎根理论研究结果,运用制度理论中的合理性理论和外国者劣势理论分析来源国形象构成和作用的深层机制,揭示并验证来源国形象的合理性溢出效应:当企业不为东道国制度中的涉众所熟悉而陷入外国者劣势时,东道国消费者就会基于来源国实用形象和社会形象这一大范围的合理性来形成对特定的某中国企业的小范围的合理性判断,进而决定对中国企业采取何种态度或行为
四、研究二:来源国形象合理性溢出效应的实证研究	在研究一扎根理论研究发现的基础上,基于外国者劣势理论和合理性溢出效应理论,通过1个实验揭示并验证:①来源国形象通过影响企业/产品合理性这一中介变量来正向影响消费者对该企业/产品的支持;②来源国实用形象和社会形象在合理性溢出效应中对消费者支持的影响有不对称性,社会形象会调节实用形象对消费者支持的影响
五、研究三:企业合理化行为的影响机制的实证研究	在研究一和研究二的研究结果基础上,基于外国者劣势理论和合理性溢出效应理论,通过2个实验揭示并验证:①在来源国形象这种大范围合理性低迷的情况下,企业可以采用绩效和制度合理化行为来提升本企业的小范围合理性。②来源国形象和企业合理化行为对消费者支持存在交互作用:在来源国实用(社会)形象较差时,相比绩效(制度)合理化行为,企业的制度(绩效)合理化行为所导致的消费者支持要更高
六、结论	总结和概括本文研究结论,阐释本文的理论贡献和管理启示,阐明研究不足并指出未来研究方向

图 1-1 本文的研究思路

其中,优先的定性研究由于能够掌握现象的复杂性,能对现象进行厚实的描述(杨立华,2011)。其次,再采用定量方法,来探讨并验证同样的问题,可以强化研究结论的韧性。

遵照顺序性探索研究策略,本文的研究安排和步骤细节如下(见图1-1):

首先,在完成文献梳理和述评后,以定性研究实地考察的扎根性的优势,通过置身于事件、活动和变化的真实环境,并收集以质性材料为主的分析数据,来提炼和展示来源国形象变量之间如何关联的细节,从而有助于增加研究结论的丰富程度和内容实质。

其次,再基于扎根理论研究的发现,利用定量研究检验精确性的优势,通过在研究二和研究三中的3个实验来发展相应测量工具、采用实验操纵控制其他的干扰性因素来考察来源国形象、企业合理化行为和消费者支持之间的关系。定量研究所展示的变量之间的关系往往更加抽象和稳定,从而有助于研究结论可供推广的普适性。

第2章 文献综述

本文旨在从合理性理论视角,基于外国者劣势和合理性溢出的相关理论,来探讨来源国形象的构成、机制和企业策略,重点需要考察国际化企业的来源国形象、合理化战略及消费者支持之间的关系。因此本章中,本文将主要回顾三个方面的文献:来源国形象及效应的相关研究、企业合理性及合理化战略的相关研究、外国者劣势的相关研究。

2.1 来源国形象的概念及影响

2.1.1 来源国形象的概念及维度

自从 Schooler 提出来源国这一概念以后,来源国形象(Country-of-origin Image,简称 CoI)及效应在国际营销以及消费者行为研究领域里广泛得到重视(黄合水,2003)。已有研究显示,来源国形象与购买意愿之间存在着显著的正相关关系(Schooler,1965;Chao and Rajendran,1993;Jaffe and Nebenzahl,2001),其对购买意愿的平均影响程度高达 0.19(Peterson and Jolibert,1995)。

从 20 世纪 60 年代开始,众多学者从不同的研究视角,对来源国形象的界定给出了不同解释。如今,学者们普遍认同来源国形象形成于消费者的感知,这种感知由产品、经济、政治、历史、文化等因素构成。本文采用引用最为广泛的 Nagashima(1970)的定义,认为来源国形象是企业家或消费者对某特定国家之产品的图像、声誉与刻板印象,这种形象是由"代表性产品、国家特性、经济与政治背景、历史以及传统等变数所造成的"(Nagashima,1970)。它是目标市场消费者对产品(包括服务)的原产地或原产国的内在印象,是消费者对该国的整体性认知(Jaffe and Nebenzahl,2001)。

来源国形象是影响消费者形成产品态度的重要因素之一(Han,1989;Hsieh,Ming-Huei,Shan-Ling Pan and Setiono,2004;Kaynak and Kara,2005;Baldauf,Cravens,Diamantopoulos and Roth,2009)。消费者在面对不熟悉的国外产品时,往往倾向于从来源国形象这一外在线索来推测产品质量(Han,1989),从而形成对该产品的态度。尽管来源国效应是否存在、来源国形象的作用机制、来源国效应的影响要素等问题已在学界引起了广泛讨论(Martin,Lee and Lacey,2011),但来源国形象维度的划分至今仍是学者争论的焦点和热点(Roth and Diamantopoulos,2009;Samiee,2010)。表2-1列举了目前学界从各种视角对来源国形象维度的划分。

Nagashima(1970;1977)首次根据国家的政治、经济、文化和科技四个要素对美国和日本的产品进行了对比分析,认为可以通过该四个要素来对产品来源国形象进行测量。Bilkey and Nes(1982)则认为Nagashima的划分方法将国家形象与产品形象融为一团而致使其对企业不具可操作性,而进一步将来源国分为整体国家形象和整体产品形象。Parameswaran and Pisharodi(1994)在Bilkey and Nes的基础上增加了具体产品形象,认为除了整体国家形象和整体产品形象外,某一企业的广告手段、促销措施同样也会改变消费者对整个国家形象的认识。

Roth and Diamantopoulos(2009)为了更好地理解来源国的概念以及测量,基于态度理论将来源国形象分为三个维度,即认知、情感和意动,一定程度上拓展了我们对来源国形象的认识。但他们对来源国形象维度的划分仍然存在以下两点不足:①认知、情感和意动三维度的划分虽然在一定程度上有助于企业理解消费者眼中来源国形象的构成,却并不能有效地指导企业如何在这三个维度上改善来源国形象。②认知、情感和意动的划分仅仅以消费者个体态度为分析对象,忽略了来源国对消费者来说所具有的社会规范意义(Verlegh and Steenkamp,1999)。消费者个体态度并不能真正有效地反映来源国形象对消费者而言所具有的社会属性意义(如消费者往往购买本国产品以支持本土经济的发展)。

表 2-1　　　　现有研究关于来源国形象的维度划分

维度	界定	代表文献	划分理由
单维度	商人与消费者对某特定国家之产品的图像(picture)、声誉(reputation)与刻板印象(stereotype)，这种形象是由代表性产品、国家特性、经济与政治背景、历史以及传统等变数所造成的	Nagashima，1970；1977	CoI 是包含政治、经济、文化和科技四因素在内的整合概念
二维度	1.整体国家形象(general country image) 2.整体产品形象(general product image)	Bilkey and Nes，1982	单维度的可操作性较低，需要将其进行区分
多维度	1.整体国家形象(general country image)：消费者对一个国家代表性产品、经济、制度、历史、传统、产业化、技术等的总体印象 2.整体产品形象(general product image)：消费者对于国家是否具有生产高质量产品能力的总体感知 3.具体产品形象(specific product image)：与产品相关的某国家的营销能力印象	Parameswaran and Pisharodi，1994	消费者除了受到整体国家形象和整体产品形象的影响外，还受到具体产品因素(如促销手段、营销广告)的影响
	1.认知(cognitive)：来源国形象包含了消费者对来源国产品的整体感知 2.情感(affective)：来源国形象能体现消费者对产品的喜爱程度	Roth and Diamantopoulos，2009	基于态度理论

2.1 来源国形象的概念及影响

续表

维度	界定	代表文献	划分理由
多维度	3.意动(conation):来源国形象同时还能体现消费者的购买行为倾向		
	1.认知(cognitive):来源国信息可以作为消费者判断产品的信息线索 2.情感(affective):来源国对消费者来说具有情感和象征意义 3.规范(normative):来源国可能对消费者来说还具有个人(personal)和社会(social)规范的意义	Verlegh and Steenkamp, 1999	在来源国的实证研究中首次引入了"规范"的概念

资料来源:本文整理所得。

Verlegh和Steenkamp(1999)则意识到了来源国形象对消费者而言还意味着社会规范的约束,但是其对来源国形象的三维度分法依然存在以下缺陷:①认知、情感、规范三维度的划分并无一致的理论基础,缺乏有效的标准将三者区分开来去分析它们的交互影响。②三个维度过于关注从消费者心理层面分解来源国形象的认识机制,同样缺乏操作层面上对企业的有效启示。

综上所述,有不少学者已经意识到来源国形象不仅仅由代表性的产品构成,该国家的经济政治成熟度、历史事件和国家关系、文化、传统以及技术工艺和产业化水平同样会构成消费者对来源国的认识(Allred, Chakraborty and Miller, 1999; Desborde, 1990)。但即使这些学者从各种角度研究了来源国的构成要素,但目前为止来源国形象的维度仍未形成一个系统的成熟的理论系统(Roth and Diamantopoulos, 2010)。这种基础构念和理论框架的不确定,导致了来源国研究较少有操作性的营销启示(Samiee, 2010),无法给企业以针对性的实践指导。比如我们就无法确定到底是哪些维度的来源国正面形象导致中国产品广为接受,而又是哪些维度的负面来源国形象阻碍了消费者对中国产品的接近。而国际化进程中的企业(尤其是如中国等发展中国家的企业)急需一个对它们来说具有可操作性意义的来源国形象的划分维度,从而帮助这些企业利用或者改善产品来源国形象。

因此,从一个更完整且更具可操作性的视角来探讨"来源国形象的构成维度及其形成机制"就具有重要的理论价值和实践意义,这也是本文的主要目标之一。

2.1.2 来源国效应的作用机制

如上文所述,学者们普遍认同了来源国形象是一个多维的整合概念,并因此对消费者会形成复杂的影响。除此外,来源国效应是否存在、来源国形象如何构念、来源国效应的作用机制问题也已在学界引起了广泛讨论,但无论是来源国形象的构念维度还是来源国效应的作用机制迄今都仍未达成共识(Samiee,2010)。

来源国效应是指,对某个国家的总体印象和感知,会影响到消费者对该国产品及品牌的判断 (Lampert and Jaffe,1996;Roth and Romeo,1992)。消费者往往会从来源国形象这一外在线索来推测产品质量,从而形成对该产品的态度。迄今为止,来源国效应在企业战略研究中起到了非常重要的影响。追溯到20世纪60年代开始的国际化营销文献,来源国效应已经在300多个研究文献中得到考察和验证(Anderson and Cao,2003)。尽管这些研究证实了来源国效应的存在,但有关来源国形象如何影响消费者感知和购买行为,研究结论却不一致(Bell,Moore and AI-Shammari,2008)。根据已有文献,来源国效应的作用机制主要可以概括为四种模型(见表2-2)。

虽然这四大模型对来源国效应的作用机制持不同的观点,也给出了各自的适用情境,但却存在两点共同点:一方面,它们均证实了来源国效应对于新兴经济企业树立竞争优势有着举足轻重的影响(Bell,Moore and AI-Shammari,2008);另一方面,它们大多视来源国形象为一项重要的产品外在线索,与其他属性一起影响消费者的产品评价、感知价值、感知质量等判断,进而影响到消费者的购买意愿(Peterson and Jolibert,1995;Knight and Calantone,2000;Samiee,2010)。

2.1 来源国形象的概念及影响

表 2-2　　　　　现有关于来源国效应作用机制的研究总结

观点	代表人物	主要内容
信号假说 (signaling hypothesis)	Han, 1989	来源国是一种信号，它可以通过标志产品的质量而影响消费者对产品的评价，消费者也可以以来源国为依据推断产品的属性信息。即来源国家形象影响消费者的产品属性评价（信念），进而影响消费者对产品的态度，即在产品知识少时，来源国形象→信念→态度。与该理论类似的还有晕轮效应(halo effect)与刻板印象假说(stereotyping effect)，这两种观点认为当被呈现的属性信息较少且产品是被试熟悉时，来源国最可能被当作一种信息，用以推断其他更具体的信息
独立属性假说 (Independent-attribute hypotheses)	Hong and Toner, 1989; Johansson, 1989; Li and Wyer, 1994	消费者将来源国当作一个产品属性，使之与其他属性一起影响产品评价。Li 和 Wyer (1994) 研究有条件地支持这一假设，即只有在来源国信息首先被传递给被试、或者决策是重要的（刺激被试考虑所有信息）时，高质量或低质量商品的来源国信誉才可能被用作独立的属性信息
概构模型 (summary construct model)	Han, 1989; Agrawal and Kamakura, 1999	消费者拥有关于产品的丰富知识，消费者会根据产品的丰富知识形成对某一国家的整体产品印象。产品来源国起到概括产品属性信念的作用，并直接影响品牌态度，即信念→国家形象→态度。换言之，消费者用来源国来表征他们对来自不同国家品牌的知识
弹性模型 (flexible model)	Knight and Calantone, 2000	不管消费者对产品的了解程度如何，来源国形象和产品信念都在不同程度上直接影响着品牌态度，来源国同时还影响消费者的产品信念的形成

资料来源：本文整理所得。

2.2 企业的合理性及合理化行为

2.2.1 制度理论概述

上文提到,已有来源国形象及来源国效应的研究,主要站在传统组织理论的视角,将企业视为一个由产品和交换关系构成的系统,认为组织的所有行为发生在任务导向性的环境下。这个任务环境(Task environment)由有限的资源来源、竞争者和交易伙伴组成。在此理论范畴内,组织是一个理性的系统,组织的性质就是将原材料以最高的效率转变成产出(Scott,1995),企业是和周围环境严格区分的一个实体。这一观念提出后的一段时间,不断遭到制度理论学者的攻击,他们认为将组织与周围环境区别开来是有缺陷的。例如 Powell and Dimaggio(1991)指出,企业不断发展的动力并不是来自于技术和原材料,而是受到周围文化规范(cultural norms)、象征性的符号(symbols)、信念(beliefs)和仪式(rituals)等制度环境的制约。Suchman(1995)正式将这种制约称为组织合理性(organization legitimacy)。

制度理论主要是研究经济、社会、政治等各类型的外在环境压力对企业结构和行为的影响 (Grewal and Dharwadkar,2002;Handelman and Arnold,1999;Scott,1995),这里所谈的制度包括社会规范、政府规制、法律和行业规则等等(Scott,1995),代表一个社会中的游戏规则,也是人为所制定的限制,包括正式的或非正式的社会规范(North,1993)。

制度理论学者把组织看作嵌入经济和制度环境里,对制度压力和任务环境带来的压力均十分重视 (Pfeffer,1982:195;Pfeffer and Salancik,1978:45)。组织的选择会受到外界经济环境和制度环境的限制,组织能否生存在于其是否能回应及符合外界环境的要求(Oliver,1991)。其中,制度环境(Institutional environment)指的是与某一社会或区域相联系的文化含义、理性和社会规范,是公司必须遵守的,以获得关键涉众(Constituencies),如消费者、专业人士、公众意见和规制者的接受和支持(Kates,2004)。作为嵌入在环境中的企业,其所

2.2 企业的合理性及合理化行为

面临的环境是由任务环境和制度环境两大部分构成的，企业面临这两大环境带来的压力和制约，需要对环境做出反应，以获得继续在该环境中生存和发展所需的合理性。

现有制度理论研究范畴，已经证明了制度环境因素和任务环境因素（尤其是制度环境因素）对于组织结构特征（Singh,House and Tucker,1986）和组织变革（Gaur and Lu,2007）的广泛影响。

2.2.2 合理性的定义和分类

对合理性的研究最开始源于对组织范围的探讨，当组织的行为与当前社会系统的规则、规范存在实际或者潜在的差距，那么组织可能会因为这种差距受到社会经济、法律或者其他政治体系的惩罚（Dowling and Pfeffer,1975）。正是基于组织与其所附着的社会环境之间的重要的关系，制度理论学者提出了合理性的问题（Suchman,1995;Dowling and Pfeffer,1975;Zucker,1987）。

制度理论认为组织是遵循所处环境中的社会规则而存在的（Meyer and Scott,1983a）。人们评价一个组织表现的标准之一就是看其是否遵循并支持环境规范，这称之为合理化（Legitimation）。当企业取得与环境长期适合和理所当然的含义，以及行为的习惯方式被消费者重复时，就会产生合理性（Berger and Luchman,1966;Suchman,1995）。当企业获得环境的一致性时，也就认为是合理化的（DiMaggio and Powell,1983;Suchman,1995）。

合理性（legitimacy）是指在一个由社会构建的规范、价值、信念和定义的体系中，一个实体的行为被认为是可取的、恰当的、合适的一般性的感知和假定（Suchman,1995），其本质是环境中涉众对组织遵循和支持环境规范与否及其程度的感知（Handelman and Arnold,1999），代表着环境对组织的总体接受程度（DiMaggio and Powell,1983;Dowling and Pfeffer,1975;Hannan and Freeman,1989）。基于以上所言的任务环境和制度环境，我们可以将合理性总体分为实用合理性和社会合理性（Handelman and Arnold,1999），如表2-3所示。

1）实用合理性（pragmatic legitimacy），主要是用于判断某国企业或产品是否满足了利益相关者的实用利益需求（Suchman,1995），其

表 2-3　　　　　　　　　　　合理性的分类

研究视角	合理性类型	来源/依据	参考文献
实用合理性	实用合理性	评价标准	Suchman 1995；Ashforth and Gibbs, 1990
	内部合理性	评判受众	Kostova and Roth, 2002
	历史合理性	组织特征	Rao et al., 2008
	地理合理性	组织特征	Rao et al., 2008
	市场合理性	组织特征	Rao et al., 2008
	过程合理性	组织特征	Suchman, 1995
	结构合理性	组织特征	Suchman, 1995
	结果合理性	组织特征	Suchman, 1995
	人员(员工、领导者)合理性	组织特征	Suchman, 1995
	技术合理性	组织特征	Ruef and Scott, 1998
	管理合理性	组织特征	Ruef and Scott, 1998
社会合理性	规则制定者合理性	评判受众/依从机制	Baum and Oliver, 1991；Deephouse, 1996
	媒体合理性	评判受众	Deephouse, 1996；Pollock and Rindova, 2003；Bansal and Clelland, 2004
	投资者合理性	评判受众	Rao, Greve and Davis, 2001；Cerot, 2003
	拥护者(advocacy)合理性	评判受众	Rao, 1998
	联结(linkage)合理性	组织特征	Baum and Oliver, 1991
	认知合理性	评价标准	Aldrich and Fiol, 1994；Hannan er al., 1995
	社会政治合理性	评价标准	Aldrich and Fiol, 1994
	道德合理性	评价标准	Suchman, 1995
	规范(normative)合理性	迎合机制	Kostva and Zaheer, 1999；Scott, 1995
	规制(regulative)合理性	迎合机制	Deephouse, 1996；Scott, 1995

资料来源：本文整理所得。

目的是增加企业及利益相关者的财富。这要求企业遵守市场交换机制的规则,最大限度地保证产品给众多利益相关者带来绩效(Handelman and Arnold,1999)。比如,考虑某个消费者准备购买一件价格合理的T恤,那么以合适的价格为消费者提供了合适质量的T恤的企业就会被消费者感知为具有实用合理性,因为它彰显了对于竞争规范的遵从。但是企业不能仅仅依赖实用合理性来获得长期的生存(Suchman,1995),因为一旦消费者口味变化或者竞争者进入,企业就会受到威胁。

2)社会合理性(social legitimacy),主要反映了"基于不同于狭隘自我利益的社会逻辑,来对组织及其行为而做出的正面规范性评价"(Suchman,1995:579)。它类似于以促进他人福利为目的的利他主义动机(Bendapudi,Singh and Bendapudi,1996),主要是基于社会的主流规范和文化来判断企业的行为是否有益于整个社区或社会的福利(Meyer and Scott,1983;Suchman,1995),这要求企业遵守其经营环境的文化含义、制度和社会规范(Handelman and Arnold,1999)。比如,消费者可能会发现最具竞争力的企业所提供的T恤是雇佣童工所生产的,那么在此情况下,消费者就会感知该企业为非合理的,从而决定再也不购买这家企业的产品了。

虽然实用合理性和社会合理性之间存在一定区别,但很难将其区分为两个完全独立的概念。因为"涉众们潜意识里对于'正确'的感知,往往是基于对本人的好处和对社会的好处融合在一起来得出的"(Suchman,1995:579)。

进入某一市场的企业必须服从规则和标准,采用一些行动(如捐款、声明、发展网络)来加强其合理性(Deeds et al.,2004)。如此,企业才能获得一个合理性的保护伞,才可能获取如高管、高质员工、财务资源、技术、顾客、网络和政府支持等其他资源和机会(Aldrich and Fiol,1994;Deeds et al.,2004;Scott,1995;Zimmerman and Zeitz,2002)。正因为合理性是企业获取其他资源和涉众的先决条件,所以对于国际化企业而言尤其重要。不同国家之间存在着文化、制度、规范和规制等方面的诸多差异,这些制度距离会导致企业原本在A国非常有效益的行为在B国则未必能取得好效果,因为B国的制度涉众未必认同这些行为是合理的,即使 A 国的商业运行规则和标准的效益高于 B 国(Grayson et al.,2008)。这就导致国际化企业在东道国市场往往会面临"外国者劣势"(liability of foreignness)(Kostova and Zaheer,1999),即面临纯本土经营公司所没有的特定成本,企业的合理化进程会延迟。一方面东道国环境缺乏对企业信息的了解,另一方面企业也缺乏对东道国制度的深刻理解,消费者及公众会主要使用刻板印象或其他非理性标准而非效益等客观标准来评估企业,给企业以怀疑及更严格的审查(Kostova and Zaheer,1999)。此时东道国环境中的众多制度涉众,包括国家、行业、机构、利益群体和公众舆论(Scott,1995)等,都会对企业施加压力,期望企业与它们所信奉和遵守的规范保持"正当的"、"恰当的"一致。因此,外国企业为了获取和提高在东道国市场经营的合理性以提升效益,就需在掌握内部资源之余还必须更多地了解影响其合理性的环境因素。

2.2.3 企业合理性与市场绩效

近年来,制度理论在营销学界的解释力和关注度日益上升,众多营销学者已经将合理性用于分析企业战略及行为 (Handelman and Arnold,1999;Sheng et al.,2011;Rao et al.,2008)、顾客信任(Grayson et al.,2008)、渠道结构(McFarland et al.,2008;Su et al.,2012)、消费者行为(Wilkes and Laverie,2007;Arthur,2006)、品牌态度(Kozinets,2002;Kates,2004) 和行业演化 (Aldrich and Fiol,1994;Humphreys,2011)等问题。除此之外,随着全球化进程的加快,国际化营销研究领域也开始做一些探索性的尝试,引入合理性理论来解释企业跨国并购(Li et al.,2007;Kuilman and Li,2009;Roundy,2010)和品牌的跨国转化(郭锐等,2010)等(见表 2-4)。

这些研究结果,为我们解释了合理性对于企业绩效的重要作用:只有具备一定合理性,企业才能获得销售业绩 (Lu and Xu,2006;Rao,Chandy and Prabhu,2008;Sheng et al.,2011)、消费者支持 (Handelman and Arnold,1999;Wilkes and Laverie,2007;McFarland et al.,2008)、品牌资产(Kates,2004;郭锐、汪涛和周南,2010)、股东投资(Aldrich and Fiol,1994;Li et al.,2007)、渠道支持(Su et al.,

2.2 企业的合理性及合理化行为

表 2-4 　　　　应用合理性理论的营销研究文献汇总表

研究主题	代表文献	研究结论	绩效变量
企业营销战略及行为	Handelman and Arnold, 1999	零售商需要社会导向的营销行为以保证其获得经营的合理性，才能获得消费者支持	消费者购买意愿 消费者口碑行为 品牌态度
	Lu and Xu, 2006	合资企业的特征和行业合理性会影响其生存和发展	销售增长
	Rao et al., 2008	企业可以通过组建战略联盟、发展企业内部市场、历史和地理等优势来获得合理性，以帮助新产品获得成功	新产品成功率
	Sheng, Zhou and Li, 2011	企业必须基于环境的制度因素和经济因素来使用商业链接和政治链接，才能获得较好的企业绩效	投资回报率 销售增长率 市场份额增长率
渠道结构及治理	McFarland, Bloodgood and Payan, 2008	基于制度理论发展了一个关于"供应链传染"的理论模型，认为渠道存在从上至下的感染影响	顾客满意 渠道关系
	Su, Yang and Fam, 2012	企业必须发展一套管理机制来应对跨国经营时制度距离所造成的合理性问题和效益问题	渠道效益

续表

研究主题	代表文献	研究结论	绩效变量
消费者行为	Arthur, 2006	消费者会基于本国制度和文化对外来文化的真实性以更严格的审视,从而拒斥外来产品	产品态度
	Wilkes and Laverie, 2007	性别动态性和平等在非常规家庭关系中有着更大的作用,影响其产品和服务决策	产品和服务决策
顾客信任	Grayson, Johnson, and Chen, 2008	对于公司的小范围信任中介于大范围信任和顾客满意	顾客满意
品牌合理性	Holt, 2002	指出品牌对消费者的负面影响,认为某些品牌并不具备合理性,反对品牌化和全球化	品牌态度
	Kozinets, 2002	消费者会因为缺少合理性认知而拒绝或抵制消费者文化	消费者态度
	Kates, 2004	品牌可以通过营销策略获得合理性,从而赢得消费者认可	品牌态度
	郭锐、汪涛和周南,2010	品牌可以采用合理性战略来获得品牌合理性以最终得到品牌资产的提升	品牌资产

续表

研究主题	代表文献	研究结论	
企业并购	Kuilman and Li, 2009	某群体企业中表现较好的成员企业的合理性有益于这个群体的合理性,而表现较差的成员则得益于群体合理性	绩效变量公众接受度
	Li, Yang and Yue, 2007	FDI社区的合理化和竞争动态以及东道国对外来企业的接受程度会影响外资在东道国的股权结构	股权结构
	Roundy, 2010	企业可以通过组织叙事来增加企业收购和合并等活动的认知合理性	收购后对企业的评价
行业演化	Aldrich and Fiol, 1994	合理性分析的三个角度:股东关系、道德适当性规范评价以及适当性和可解释性的认知	股东关系
	Humphreys, 2011	用制度理论诠释了一个行业是如何在复杂的政治环境中产生并发展起来的	公众评价

资料来源:本文整理所得。

2012)和公众支持(Kuilman and Li,2009;Humphreys,2011)等市场绩效。

2.2.4 企业合理化战略及行为

合理性理论为分析组织与其周围环境之间的关系,提供了一个很好的解释逻辑(Dowling and Pfeffer,1975)。任何一个组织其合理性的获得过程,都需要包含组织和社会环境两方面的交互行为(Neilsen and Rao,1987)。在这个过程中,企业一方面是信息的解读者,需要分析和了解环境中对其施压的各个涉众及其特征;另一方面又是信息制造方,其战略反应和行为会被环境中的涉众所解读并由此决定是否赋予该企业合理性。当组织面临制度化环境的压力时,为了获得存在和发展的合理性,组织不一定只能一味顺从制度环境的要求,还可以权衡制度的压力与组织本身的能力,进而做出适当的回应战略(Oliver,1991)。因此,合理性可以通过企业战略行为来获取并增强,企业可以通过战略决策来改变其合理性的类型和数量(Deeds et al.,2004;Scott,1995;Suchman,1995),但这一合理化进程会受到一些因素的影响,这些因素不仅来自组织的内在特征,还源于外部环境的特征(Hybels,1995)。

企业如何获取合理性——这一议题在制度理论范畴内得到了广泛关注,并基于不同角度发展了众多应对策略(详见表2-5)。Dowling and Pfeffer(1975)提出了组织获得合理性的三种策略:①适应性策略,即将组织的产出、目标、经营方法与主流合理性的定义保持一致;②调整性策略,即组织可以试图改变目前社会对于合理性的认识使其与组织目前的行为保持一致;③凸显性策略,组织可以通过沟通宣传策略凸显组织在合理性属性(如标志、价值观、制度)上的表现。与之类似,Suchman(1995)认为除了迎合环境与改变环境之外,组织还可以通过选择组织的经营环境来获得合理性,他认为组织可以通过以下三种途径来获得合理性:①迎合策略,使组织的行为与社会环境保持一致;②选择策略,选择组织经营的环境使组织环境与组织的观念一致从而获得合理性;③操控策略,组织可以改变公众对合理性的认识使公众对合理性的认识与组织的观念保持一致。Aldrich and Fiol(1994)从组织、产业内、产业间和制度四个层面总结了新进者如何获得组织合理性。Handelman and Arnold(1999)认为企业为了获取实用合理性和社会合理性必须发展两类行为:旨在遵循东道国任务环境规范,涉及了所有企业为完成具体、可度量的目标而开展的绩效行为;旨在顺应东道国制度环境规范,使企业的行为、理念与东道国的

2.2 企业的合理性及合理化行为

表 2-5 获取/提高合理性的战略及相应行为

作者	战略	行为
Dowling and Pfeffer, 1975	适应	使组织操作与主流标准一致
	调整	改变社会对合理性的认知
	凸显	沟通宣传组织在合理性属性上的表现
Oliver, 1991	默认	习惯、模仿、顺从
	逃避	平衡、安抚、协商
	妥协	隐藏、缓冲、跳脱
	抗拒	解散、挑战、攻击
	操弄	吸纳、影响、控制
Aldrich and Fiol, 1994	组织	通过象征性的语言和行为获得合理性知识,讲述与社会规范一致性的组织故事
	产业内	与当前行业的标准和行为保持一致性
	产业间	通过第三方行为,来发展合理性知识、与其他行业保持有效的协调和包容
	制度	构建与当前教育标准的一致性联系,开展集体性的营销和游说活动
Suchman, 1995	迎合	保持自身行为与社会规范的一致
	选择	进入与组织观念一致的环境
	操控	改变公众对合理性的认识
Handelman and Arnold, 1999	任务导向	为完成具体、可度量的目标而开展的绩效行为
	制度导向	体现对制度环境规范的遵守和支持,有益于东道国国家及社区的总体福利的制度行为
Rao et al., 2008	外部	通过战略联盟获取
	内部	从市场、科技、历史和地理方面的优势获取

资料来源:本文整理所得。

制度、文化保持一致,体现组织对制度环境规范的遵守和支持,有益于东道国国家及社区总体福利的制度行为;Rao et al.(2008)将合理性分为外部合理性和内部合理性,他认为组织的外部合理性可以通过企业联盟的方式获得,内部合理性可以从市场、科技、历史和地理因素来获得。

2.3 国际化企业的外国者劣势

2.3.1 外国者劣势的概念及构成

跨国经营的企业在东道国往往会面临"外国者劣势"(Kostova and Zaheer,1999;Zeheer and Mosakowski,1997),即因为面临纯本土经营公司所没有的特定成本,跨国经营企业处于一种竞争劣势中,需要比东道国本地企业付出更高的成本来塑造其声誉和善意,从而在获取合理性的投入上要高于本地企业。

外国者劣势是企业跨国经营成本(Costs of doing business abroad,简称 CDBA)(Luo and Mezias,2002;Zaheer,2002)的一个重要组成部分。CDBA 作为一个经济概念,不仅包括外国者劣势,还包括了因地理距离而产生的基于经济活动的各种成本(如制造、营销和分销成本)。但鉴于与国际化企业增值活动相关的经济性成本都是可以预期、衡量和有限的,所以国际化企业在进行跨国经营时面临的关键议题就是外国者劣势(Calhoun,2002;Eden and Miller,2004;Zaheer,2002)。

所以,相对 CDBA 这个经济学概念而言,外国者劣势更多的是一个社会心理学概念,主要由结构/关系成本和合理性成本所构成,强调的是企业进行跨国经营时为了接近东道国并被其接受而产生的社会成本(Zaheer,2002)。这些社会成本是本土公司经营所没有的,可能来自于东道国行业环境(如供应商、买方、竞争者和分销商)带来的威胁,也可能来自东道国制度环境(法律、管制、政治、社会文化和经济)带来的威胁(Luo,Shenkar and Nyaw,2002)。具体来说,外国者劣势实质上是由三种影响到外国企业的威胁所构成:

1)不熟悉威胁(unfamiliarity hazards)。它是指相比本土企业而言,外国企业缺乏在东道国的知识或经验,而这种信息上的不对称又会使得外国企业陷入竞争劣势。这种外国者劣势与外国企业本身的经营年限无关,而是与它在东道国的自主经营经验有关。

2)歧视威胁(discrimination hazards)。外国企业在东道国受到的歧视待遇可能来自东道国政府、消费者或总体公众的区别化对待。这种劣势可能从东道国的政治威胁(Henisz and Williamson, 1999)或消费者民族中心主义(Sumner, 1906;Balabanis, Diamantopoulos, Mueller and Melewar, 2001)中得到体现。这种外国者劣势主要给外国企业带来了获取外部合理性的挑战。

3)关系威胁(relational hazards)。相比本土企业而言,外国企业在东道国面临更高的外部不确定性(由东道国环境的不可预见性导致)和内部不确定性(由跨地域和跨文化管理雇员的难度导致)。这些不确定性导致了关系威胁,表现为管理跨国经营中所涉主体之间关系的高管理成本 (Buckley and Casson, 1998;Henisz and Williamson, 1999)。

外国者劣势之所以产生,其根本原因是国家与国家之间存在的制度距离。基于Scott(1995)的定义,Kostova(1996)将制度距离(institutional distance)定义为两个国家之间在规制性、认知性和规范性制度方面的差异程度(或相似程度)。制度距离可以用来分析多国企业在东道国建立组织合理性的行为(Kostova and Zaheer, 1999)和企业选择进入东道国市场区域和进入模式的行为 (Xu and Shenkar, 2002)。两国之间的制度距离越大,国际化企业需要对东道国环境做出本土化响应的压力就越大(Prahalad and Doz, 1987),但同时国际化企业建立外部合理性的压力就越大(Kostova and Zaheer, 1999)。

2.3.2 外国者劣势与国际企业绩效

近来的实证研究均证明:外国者劣势会给国际化企业带来与本土企业相比更差的绩效(Miller and Parkhe, 2002)、更高的市场退出率 (Hennart, Roehl and Zeng, 2002) 和更多的法律纠纷 (Eden and Miller, 2004)。

外国者劣势对于刚刚进入东道国的国际化企业而言尤其严重。比如,虽然本土化知识可以让本土企业获得优势,这种优势相对于那些初步进入东道国市场的外国企业而言尤其明显,对于已经进入东道国市场时间较长的公司则未必存在(Eden and Miller, 2004)。外国者劣势与那些在利基市场经营的新兴外国企业而言尤其相关,而对于那些在成熟行业中成名已久的国际化企业而言相关度会更低一些。基于对瑞典、丹麦和新西兰的494家多国企业的调研,Petersen和Pedersen(2002)发现,外国者劣势中的不熟悉威胁会直接影响到国际化企业的管理者判断。那些遵循全球整合化战略的多国企业,因为不鼓励本土化学习和适应,在进入东道国多年以后仍然会与东道国环境之间互不熟悉。

但企业是可以通过自身的战略选择,来应对外国者劣势带来的负面影响的。比如,Kostova and Zaheer(1999)提出,外国企业如果选择与东道国同构,就能获得更多的合理性、资源和生存能力,反之则会损害企业的合理性。Eden and Miller(2004)指出国际化企业的进入东道国市场的模式可以作为减少外国者劣势的一种方法。比如,选择一家本土企业组建合资公司将会减少不熟悉成本和本土政府的歧视对待。Luo,Shenkar and Nyaw(2002)提出国际企业可以发展两套战略来应对外国者劣势:第一种是进攻性战略,包括本土网络化、资源承诺、合理性推进和投资本土化;第二种是防御性战略,包括合同保护、专利控制、专利服务和产出标准化。他们以92家在中国进行跨国经营的多国企业为样本,考察了本土网络化和合同保护这两种战略行为对企业营销成本和销售利润的影响,结果发现:合同保护可以削减营销成本但不能提升销售利润;而组建关系网络虽然可以提升销售利润但不可以削减营销成本。但是两者都可以帮助国际化企业削减在东道国市场上的外国者劣势和提高盈利性。Eden和Molot(2002)基于加拿大汽车行业的案例研究也证实了这一点。他们的研究发现国际化企业在东道国市场的先入者可以凭借企业的专有资产优势和关系组建战略来完成在东道国的内化过程,从而有效地减低外国者劣势。他们的"内化"身份会构建一种进入壁垒,从而导致后入者国际化企业面临更大的外国者劣势。

2.4 研 究 评 述

2.4.1 现有来源国相关研究存在的问题

2.4.1.1 来源国形象的构成维度划分未形成共识

尽管来源国效应是否存在、来源国形象的作用机制、来源国效应的影响要素等问题已在学界引起了广泛讨论(Martin,Lee and Lacey, 2011),但来源国形象维度的划分至今仍是学者争论的焦点和热点(Roth and Diamantopoulos,2009;Samiee 2010)。有不少学者已经意识到来源国形象不仅仅由代表性的产品构成,该国家的经济政治成熟度、历史事件和国家关系、文化、传统以及技术工艺和产业化水平同样会构成消费者对来源国的认识 (Allred,Chakraborty and Miller, 1999;Desborde,1990)。但即使这些学者从各种角度研究了来源国的构成要素,但目前为止来源国形象的维度仍未形成一个系统的成熟的理论系统(Roth and Diamantopoulos,2010)。这种基础构念和理论框架的不确定,导致了来源国研究较少有操作性的营销启示(Samiee,2010),无法给企业以针对性的实践指导。比如我们就无法确定到底是哪些维度的来源国正面形象导致中国产品广为接受,而又是哪些维度的负面来源国形象阻碍了消费者对中国产品的接近。而国际化进程中的企业(尤其是如中国等发展中国家的企业)急需一个对它们来说具有可操作性意义的来源国形象的划分维度,从而帮助这些企业利用或者改善产品来源国形象。

因此,从一个更完整且更具可操作性的视角来探讨"来源国形象的构成维度及其形成机制"就具有重要的理论价值和实践意义,这也是本文的主要目标之一。

2.4.1.2 来源国效应的中介机制缺乏现实解释力

已有研究将来源国形象作为产品的一个独立外生属性,这在一定程度上有助于我们理解消费者为什么更愿意购买发达国家的产品或者更不愿意购买欠发达国家的产品,但这种局限在产品因素自身的认识却忽略了产品来源国形象背后所依附的社会制度、规则、文化等因素(Verlegh and Steenkamp,1999),而这些因素往往又能左右消费者对产品的认知。所以,如果仅将来源国形象视为评价产品质量的一种外生属性,也会限制来源国相关理论对现实中部分问题的解释力(Samiee,2010)。

比如,已有研究成果证明,来源国形象对产品质量判断的影响系数为 0.31, 对购买意愿的影响系数为 0.19 (Peterson and Jolibert, 1995)。按照此逻辑,被众多消费者给予负面评价的中国产品在国际上的竞争力应该非常有限,但现实却与此相反(Samiee,2010)。《纽约时报》2007 年的一次调查表明,即使充斥着对中国产品的负面新闻和负面评价,71%的消费者仍会继续购买中国产品(Weisman,2007)。同时,有口皆碑的德国产品却囿于当地高度的"民族中心主义"而在日本、韩国等亚洲国家销售受阻(Supphellen and Rittenbur,2001)。虽然不否认其中有消费者经济状况、文化因素等的调节影响,但这两个例子都说明来源国形象带来的产品评价与消费者的购买行为并非总是正相关。这也引发了我们的思考:如果来源国效应并非只是通过影响产品评价这一中介机制来作用于消费者行为,那么是否可以找到对现实而言更具解释力的一种替代性解释机制呢?

已有研究聚焦于产品自身认知视角来解读来源国效应,主要是基于传统的组织理论。传统理论认为组织是一个由产品和交换关系构成的系统,组织的行为发生在任务导向性的环境(task environment)下,组织的行为追求经济效益的最大化。这种分析视角忽视了组织在进行经营时所存在的制度和文化环境,即制度环境(institutional environment)(Dimaggio and Powell,1983)。但已有研究同样又提出,来源国形象对于消费者来说除了意味着产品实用价值外,还包含着对消费者的约束力,这种约束力可能来源于制度、规范等(Verlegh and Steenkamp,1999)。

所以,为了拓展对来源国效应的认知,我们必须进一步扩宽该领域的理论基础,在寻找来源国形象影响东道国消费者购买行为这个过程中,除却产品评价、感知价值和感知质量等产品维度之外的中介机制——这也是本文的研究目标之一。

而制度理论,尤其是其中的合理性理论正是为分析企业以及周围环境之间的关系提供一个很好解释逻辑（Dowling and Pfeffer, 1975）的理论视野,而其中关于外国者劣势情况下的企业合理化进程的研究更是为我们进一步剖析来源国形象及效应提供了更为丰富和切实的知识。

2.4.2 合理性理论在来源国研究中的引入

合理性理论开始越来越多地运用于营销领域，这些研究揭示并验证了合理性对于销售业绩、品牌资产、股东投资、渠道支持和公众支持等市场绩效的重要作用。这些成果体现了合理性理论对很多营销现象和问题的理论解释力，因此将合理性概念进一步运用到其他的消费者研究中是非常重要的（Kates, 2004）。但目前这些合理性在营销研究中的文献成果，更多的只是凸显了合理性对于企业市场绩效的重要性，既没有充分考察合理化营销战略与企业绩效的关系（Handelman and Arnold, 1999），又缺乏从国际化经营视角来探讨合理化营销行为对于企业克服负面来源国形象制约从而获得东道国消费者支持会产生什么影响。

首先,制度理论学者均强调了合理性压力或者制度压力(Institutional pressures)对企业国际化战略行为的重要影响,认为企业必须发展出相适应的战略行为来应对这些压力(Oliver, 1991; Scott, 1995; Lu and Xu, 2006; Johanson and Vahlne, 2009），但仍缺乏对国际化企业在东道国合理化进程中的各种影响因素的揭示。比如,在本文中,笔者关心的就是:外国企业在东道国展开合理化进程的过程中,是否会受到来源国形象的制约？如果这种影响存在,它又是通过怎样的机制运行的？换言之,我们既有必要进一步明确来源国形象对于国际化企业合理性获取和提升的影响，也需要进一步深入探讨来源国形象和企业合理性之间的传导机制。

其次,已有合理性理论的研究虽然分别从企业的能动性(从被动到主动,如 Oliver, 1991)、企业的内部和外部(如 Rao et al., 2008)等视角提出了企业应对环境压力的合理化战略，但这些战略存在有限的作用边界,即它们主要是应对"新进入者劣势"(liability of newness)(Suddaby and Greenwood, 2005)发展而来。不同于本文中关注的"外国者劣势","新进入者劣势"是指新诞生的组织因为缺乏资源及市场经验往往得不到利益相关者的认可。现有企业合理化战略的研究成果为市场中的新进者如何获得成功提出了很多有效的指导,但如果只是简单套用这些战略用于指导处于外国者劣势中的国际化企业,则可能会产生"生搬硬套、回避或过激"的负面判断(Ashforth and Gibbs,1990)。因此,基于外国者劣势视角来考察国际化企业如何发展合理化营销行为以应对来源国形象的影响的研究仍显得十分薄弱。

再次,虽然有零星的关于企业国际化的研究提出企业可以通过产权调整(Gaur and Lu,2007)、企业社会责任行为(Palazzo and Scherer,2006)、战略联盟(Rao et al.,2008)等战略行为来获得在东道国的合理性,但是这些研究并未实证这些合理化战略行为对企业绩效的影响。

以上不足,为本文提供了很好的研究缺口——国际化企业可以通过哪些合理化营销行为来应对来源国形象的影响,帮助企业获得并提升东道国消费者对企业的支持呢?因此,本文首次将合理性理论视角和外国者劣势理论视角这一概念和分析模式引入到企业来源国形象研究和企业合理化行为研究中,一方面可以通过考察企业来源国形象构成、机制及应对策略,拓展和丰富现有关于来源国形象的研究,丰富现有合理性理论在营销领域里的应用;另一方面,又可以基于企业的来源国形象发展出处于"外国者劣势"下的国际化企业的合理化营销行为,从企业操作战略层面对现有制度理论做出一定的拓展。

第3章 研究一：来源国形象的扎根理论研究

本篇论文的研究目的，是将合理性理论视角和外国者劣势理论视角，引入到企业来源国形象研究和企业合理化行为研究中，采用Creswell(2003)所主张的顺序性探索研究策略的研究方法设计，探讨来源国形象的构成、机制和策略，具体需要考察企业来源国形象、合理化营销行为与消费者支持之间的关系。而要完成这一研究目的，第一步就是要揭示出当消费者在购买某家企业的产品或服务过程中启动来源国形象作为一大参考标准时，这种来源国形象的潜在含义和作用机制。

因此，本章的研究一中，会基于现有对来源国形象的研究的总结和评述，以中国来源国形象为背景，通过收集分析美、印两国消费者对中国企业和产品的评价和反应的数据(网上帖子)，运用扎根理论研究建构理论模型来解释来源国形象的构成维度和影响机制。

为什么遵循Creswell(2003)所主张的顺序性探索研究策略的研究方法设计，而选择扎根理论研究这种质性研究作为本文的第一步呢？这是因为虽然学者们从各种角度研究了来源国的构成要素，但目前为止来源国形象的维度仍未形成一个系统的成熟的理论系统(Roth and Diamantopoulos,2010)。这种基础构念和理论框架的不确定，很大程度上是因为来源国形象作为消费者对某国的一种整体性印象(Jaffe and Nebenzahl,2001)，具有高度的复杂性(Samiee,2010)和模糊性。有关研究方法的文献提出：像印象、情绪或爱等这类模糊的、复杂的、无法用必要和足够的标准来进行定义的概念(Fehr 2006；Shaver et al.,1987)，最好是被描述为一种原型(Prototype)(Rosch,1975)。

原型是指人们想到某个特定事物时所联想到的一系列属性，

这些属性会被组织到某个最为关键的或者最具代表性的种类中(Shaver et al.,1987)。但因为原型定义往往具有多维度的复杂性和模糊的边界,所以人们脑海中有关某一事物的原型经常不仅包括这种现象的主要要素,还包括与其本身紧密相联的现象前因和可能结果(Shaver et al.,1987)。要揭开人们心理中的原型,这是很大的挑战,因为这些内隐性的结构是不容易用语言描绘出来的。要将这些原型概括出来,就必须让被试在自然的目的驱动下启动原型,观察(或想象)他们自己是如何做的,然后向研究者汇报他们的观察结果(Batra, Ahuvia and Bagozzi,2012)。而扎根理论作为一种有效的基于二手定性资料的研究方法,它是经由系统化的资料搜集与分析而用归纳的方法去发掘、发展现象背后的理论,并暂时性地验证理论的过程,能够很好地满足我们探讨来源国形象的本质、构成和机制的需求。

所以,在本章的研究一中,本文主要基于扎根理论研究的数据结果,运用合理性理论和外国者劣势视角分析了来源国形象形成和作用的深层机制:来源国形象本质上是消费者对该国所有企业及其产品合理性的一种认知和判断。当企业不为东道国制度中的涉众所熟悉而陷入外国者劣势时,东道国消费者就会基于来源国形象这一大范围的合理性来形成对特定的某中国企业/产品的小范围的实用合理性和社会合理性判断,进而决定对中国企业/产品采取何种态度或行为。

3.1 研 究 介 绍

3.1.1 研究背景

自从 Schooler 提出来源国这一概念以后,来源国形象(Country of Origin Image,简称 CoI)及效应在国际营销以及消费者行为研究领域里广泛得到重视。已有研究显示,来源国形象与购买意愿之间存在着显著的正相关关系 (Schooler,1965;Chao and Rajendran,1993;Jaffe and Nebenzahl,2001), 其对购买意愿的平均影响程度高达 0.19 (Peterson and Jolibert,1995)。与此相印证,囿于国外消费者对"made

3.1 研究介绍

in China"所持的负面态度(徐晓琳,2009),我国迈出国门的进程遇到了许多挑战(郑风田、唐传英和张莹,2002)。海尔、光明等品牌的海外之路纷纷受阻,李宁、美的等品牌的国际营销也如履薄冰。尽管我们有一些产品做到了世界第一,但真正被世界接受的品牌还非常有限(林晓虹,2009)。即使中国的产品质量没有问题,人们也会给我们负面评价并予以抵制(王海忠和陈增祥,2010)。

照此逻辑,中国产品相较于发达国家的产品评价会较低从而导致外国消费者较少的购买行为,但实际情况却与此相反(Samiee,2010)。根据《中国对外贸易形势报告(2011年春季)》,2010年中国出口额15 779.3亿美元,相比2009年增长31.3%,已成为世界出口第二大国,产品销往全球。《纽约时报》2007年的调查也表明,即使周边充斥有毒食品、加铅玩具及其他中国产品的负面新闻,也仅仅有14%的美国消费者表示会停止购买中国产品,71%的消费者仍会继续购买中国产品(Weisman and Connelly,2007)。与此类似,有口皆碑的德国产品却囿于当地高度的"民族中心主义"而在日本、韩国等亚洲国家销售受阻(Supphellen and Rittenbur,2001)。

虽然不否认其中有消费者经济状况、文化因素等的调节影响,但这两个例子都说明来源国形象带来的产品评价与消费者的购买行为并非总是正相关,这也引发了我们的思考:①来源国形象究竟是一个整合还是分解的概念?它究竟是如何形成的?为什么会同时存在对某一特定来源国的正负形象感知?虽然近年来学者们普遍认同了来源国形象应该是一个多维的整合概念,并从各种角度研究了来源国的构成要素,但目前为止,来源国形象的维度划分和形成机制仍未形成一个系统的成熟的理论系统(Roth and Diamantopoulos,2010;Samiee,2010),也无法给企业以良好的指导。比如在中国案例中,我们就无法确定到底是哪些维度的来源国正面形象导致中国产品广为接受,而又是哪些维度的负面来源国形象阻碍了消费者对中国产品的接近。②如果来源国形象与购买行为并不必然正相关,那它又是通过什么样的机制来影响消费者的态度和行为的?现有研究中主要是将来源国形象当作一个产品外在属性线索,与其他属性一起影响消费判断(Peterson and Jolibert,1995;Knight and Calantone,2000;Samiee,

2010),但现有文献中有关受到影响的消费判断却集中于消费者对产品质量的感知,既缺乏对现实现象的解释力,又没有揭示这种判断的本质和作用机制。

3.1.2 研究目的

根据 Miles(2003)的观点,定性研究主要承担三项基本功能:第一项功能就是贴近"真实生活"的面貌,通过扎根性(Local groudedness)的资料收集方式来展示客观情景的丰富性、整体性以及复杂性;第二项功能是用来初步检验研究假设,看看某一预测是否获得质性资料的支持;第三项功能则是辅助量化设计,如果研究者想要对同一情景搜集的量化资料进行补充、证明、解释或再诠释的话,定性研究非常适合发挥这些长处。

因此,扎根理论的定性研究在本文中占据非常重要的位置,其主要目的是通过对文本的质性研究,探索揭示并初步检验来源国形象的具体构成和其影响消费者行为的机制。具体而言,该定性研究的目的包括:①确认来源国形象的本质为一种包括实用形象和社会形象两大层面的大范围的合理性感知;②揭示并构建来源国形象影响企业绩效(消费者支持)的机制主要为合理性溢出效应,初步验证概念模型的假设;③为后续实证研究的研究设计提供支持,譬如:测量方案、对数据的结果解释等。

3.2 研究设计

3.2.1 研究方法

以往研究表明,来源国形象是消费者对某产品来源国的总体认知(Jaffe and Nebenzahl,1984,2001),已有研究大多采用归纳或案例分析来研究来源国形象的构成维度(Johansson,Douglas and Nonaka,1985),运用大规模数据收集来进行定量分析的研究不多。这样一来,研究结论在针对性和说服力上的表现就差强人意,再加之研究视角和研究重点的不一致,就导致学界对来源国形象的维度构成至今仍难形成令人信服的公论(Roth and Diamantopoulos,2010)。而用统计描述法和问卷调查法来分析来源国形象的构成也较难得到完整和真实的结论(Samiee,2010)。在此种情形下,只有客观、海量收集消费者的现实反映,才能科学地综合各种角度来准确揭示来源国形象的维度。

同时,有关研究方法的文献又提出:像印象、情绪或爱等这类模糊的、复杂的、无法用必要和足够的标准来进行定义的概念(Fehr,2006;Shaver et al.,1987),最好是被描述为一种原型(prototype)(Rosch,1975)。原型是指人们想到某个特定事物时所联想到的一系列属性,这些属性会被组织到某个最为关键的或者最具代表性的种类中(Shaver et al.,1987)。但因为原型定义往往具有多维度的复杂性和模糊的边界,所以人们脑海中有关某一事物的原型经常不仅包括这种现象的主要要素,还包括与其本身紧密相联的现象前因和可能结果(Shaver et al.,1987)。

要揭开人们心中的原型,这是很大的挑战,因为这些内隐性的结构是不容易用语言描绘出来的。要将这些原型概括出来,就必须让被试在自然的目的驱动下启动原型,观察(或想象)他们自己是如何做的,然后向研究者汇报他们的观察结果(Batra et al.,2012)。而且当研究者要导出原型的属性时,通常还有必要了解是否可以将它们整合到少数维度之中(Batra et al.,2012)。

因此,本文认为,基于互联网文本数据的扎根理论研究是实现本文的定性研究目的的最佳途径。网络评论具有参与者可自愿或匿名发言、覆盖面广、可保存性和群体思考性等优势(陶厚永、李燕萍和骆振心,2010),已被学者们运用于多种研究领域。比如外国学者早已利用网络评论来揭示消费者口碑和电影票房之间的关系(Godes and Mayzlin,2004),国内有学者已将其用于探讨网络社会公众对企业社会责任的评价(黄敏学、李晓玲和朱华伟,2008)和山寨品牌的形成机制(陶厚永、李燕萍和骆振心,2010)。虽然对互联网信息的真实度无法进行准确的判断,但互联网评论的自由度和公开性在一定程度上形成了网络评论进行自我平衡和自我检查的隐性机制,这就为网络信息的准确性提供了保障(陶厚永、李燕萍和骆振心,2010)。因此,本

第3章 研究一：来源国形象的扎根理论研究

研究借助互联网数据的可保存性、可分析性和客观性的特点，通过美、印两国著名门户网站和社交网站海量搜集了外国消费者对中国品牌或产品的评论意见，全面系统分析中国产品来源国形象的构成及机制。

利用互联网的二手资料大多是文字叙述性的，因此本研究拟定采用扎根理论方法来进行数据分析。扎根理论（Grounded theory）是一种有效的基于二手定性资料的研究方法，它是经由系统化的资料搜集与分析而用归纳的方法去发掘、发展现象背后的理论，并暂时性地验证理论的过程。这个过程中既有包含理论的演绎，又有理论的归纳。本研究按照扎根理论方法的研究流程（见图3-1，Pandit，1991），基于经过理论抽样收集的数据，通过开放编码、主轴编码和选择编码等流程构建出产品来源国形象模型。在第一步开放编码流程中，本研究先对初始网络帖子进行逐一分析，提取出现频率高的概念进行归类，由此提取出15个开放编码概念；第二步，为了进一步接近研究主题，进行联结研究主题与研究数据的主轴编码；最后一步，则主要通过选择编码整合与精练前面两步的研究结论，得出来源国形象构成的核心类别。

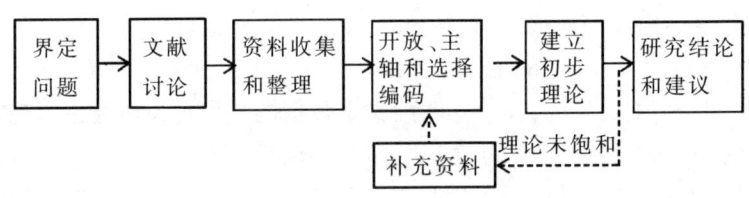

图3-1 扎根理论流程

资料来源：根据Pandit（1996），"The Creation of Theory: A Recent Application of the Grounded Theory Method"，*The Qualitative Report*, 2(4), pp.1-20改编。

3.2.2 理论抽样

鉴于目前中国产品对外出口国家众多，为了简化研究并更好地分析代表性样本，本研究根据国家商务部发布的《中国对外贸易形势报告（2011年春季）》，选择2010年中国主要的发达国家贸易伙伴中贸易金额最高的美国(3 853.4亿美元),中国主要的发展中国家贸易伙伴中金额第二高的印度①(617.6亿美元)作为样本国来收集消费者的网络评论。

已有研究表明,来源国形象对消费者的影响还受到消费者知识(Hong and Toner,1989;Maheswaran,1994)、消费者的民族差异(Hong and Yi,1992)和产品类别(Peterson and Jolibert,1995)的影响。因此,为了保证数据能全面覆盖研究问题范围又能揭示研究问题本质,加上减少研究工作量的考虑,本研究选择样本帖时设立了以下标准:①中国企业的国际化进程于入世后加速,外国消费者对中国产品的认知自此后才逐步深入。因此在收集样本时,帖子的时间必须要求在2001年之后,这样既能保证全面收集外国消费者对中国产品来源国形象的真实反映,又能为中国企业提供时效性更强的启示和建议。②要求样本有广泛的来源。既要有来自于各年龄层消费者的评论,也要有各社会阶层消费者的意见;既要来自于官方网站正式严肃的评论,也要有网民论坛非正式交流的言论。③评论的涵盖面要尽量广泛,其主要内容要能涵盖目前中国国际化营销的各类产品。④出于建构理论的需要,必须搜索到全面有效的信息,这就要求帖子数据不仅在数量上要多,帖子内容还必须具有不同争议程度,既要有正面态度的帖子,也要有反面态度的帖子。

根据以上四条原则,本研究以"made in China"和"Chinese product"等为关键词在 google 上搜索了美国和印度 39 个网站(美国 25 个,印度 14 个)的 649 个帖子(含 9 753 条评论)。经过仔细对比后,最终选择了 10 家美、印两国最知名的门户网站和社交网站(具体见表 3-1)。这 10 家网站上面的评论最能集中充分反映美国和印度消费者对中国产品/品牌评价的及时性和完整性,而且信息的时间范围广、网民参与度高。

---

① 2010年中国进出口贸易总额最高的发展中国家为巴西(625.5亿美元)。巴西的官方语言为葡萄牙语,囿于语言障碍,学者顺推选择中国进出口贸易总额中排名第二、官方语言为英语的发展中国家印度作为研究对象。

表 3-1　　　　　　　　　样本网站的情况介绍

编号	网站名及网址	所在国	网站介绍	帖子数	评论数
1	Rediff www.rediff.com	印度	印度排名第一的门户网站，主要提供新闻、资讯、通讯、娱乐和购物等服务	36	913
2	Facebook www.facebook.com	印度	印度最大的社交网络，拥有 3 300 万用户，占印度互联网用户的 84%	19	226
3	Trade India www.tradeindia.com	印度	印度最大的商务贸易网站之一，创办于 1996 年，为众多商家提供印度及世界的各种贸易信息，网站包括上千种不同产品目录	22	247
4	One India www.oneindia.com	印度	印度的综合门户网站，提供最新的体育、旅游、娱乐、视频、分类广告等信息。它是一个完整的新闻覆盖门户，包括印度当前新闻、国际新闻以及全球的消息	14	111
5	Hindustan Times www.hindustantimes.com	印度	是创刊于 1924 年《印度斯坦时报》(*Hindustan Times*) 的网上平台，该报纸是印度著名的英文大报，而网站含新闻、商业、影视娱乐、时尚生活等	9	46

3.2 研究设计

续表

编号	网站名及网址	所在国	网站介绍	帖子数	评论数
6	Consumerist www.consumerist.com	美国	在"美国人每天必上的十个网站"评选中,排名第九,是美国排名第一的、最流行的消费者观察和评论发布网站	95	3 759
7	Myspace www.us.myspace.com	美国	美国排名第一的社交网络,拥有全美社交网络流量的73.82%	31	80
8	CNN www.cnn.com	美国	美国有线电视新闻台的网上平台,为全球最先进的新闻组织,带给每周7天,每天24小时的全球直播新闻报道	41	271
9	Facebook www.facebook.com	美国	美国的一个大学生社交网站,是美国排名第一的照片分享站点,每天上载850万张照片	27	343
10	Time www.time.com	美国	美国《时代》周刊的网上平台,其刊是美国影响最大的新闻周刊,对国际问题发表主张和对国际重大事件跟踪报道,在美国颇有影响力,读者主要是中产阶级和知识阶层	19	209

3.3 研究过程

3.3.1 开放编码

本研究的候选样本帖全部来自于表 3-1 中的 10 大网站,一共有 313 个帖子(含 6 245 条评论)(时间跨度为 2001-9-2 到 2011-2-4)。为更好地分析有代表性样本,根据前面总结的影响因素,我们在 313 个帖子中,采用分组随机方式选择样本。首先根据国别和网站进行分组,发现在 313 个帖子中,美国样本占 78%(244 条),印度样本占 22%(69 条);其次,根据帖子涉及的产品类型进行分组,发现这些帖子几乎涵盖了各种不同但却重要的产品类型,包括电子数码、家具和汽车等耐用品,也包括服装、食品和日化等快速消费品;再次,为了消除消费者偏见带来的偏差,我们从正负评论比例来分组这些帖子,恰好这些产品类型的正负评论的对比情况有所差异,于是我们再将这些代表帖子根据发帖者的态度(正或负)进行分组。

分组后,本研究再根据"探讨来源国形象的形成及影响机制"这一研究目的对帖子进行五层筛选。首先,对评论量低于 5 个的帖子予以排除;其次,对帖子中纯粹重复或过度简单的评论(如只有"附议"、"说得好"和"赞同"等)予以排除;再次,对与研究主题无关的内容(如对别国产品的评价、无关中国或中国产品的内容)予以排除;此外,对于无实质性观点和内容的回帖(如没有原创性见解,只是发发牢骚)予以排除;最后,对于模仿类的帖子(如纯粹只是复制粘贴他人发帖)也予以排除。经过五层筛选后,剩下有效帖子 278 个(含有效评论 6138 条),其中 223 条帖子被随机选取用于模型构建,剩下的 55 条帖子则用于检验模型理论饱和度。部分样本帖子的示例见表 3-2。

开放编码(open coding)是一个逐步将所获得的数据资料概念化和范畴化,将资料内容用概念和范畴正确地反映出来,并把数据资料以及抽象提取出的概念打乱、分散再重新根据逻辑归类和整合的过程。开放编码的主要目的是处理聚敛问题,即确认现象、界定概念和发现范畴。

表 3-2 部分样本帖子及其基本情况示例

来源网	发起人	编码	主题	跟帖数	发帖者态度	涉及产品类型	涉及企业	日期	用途
Rediff（印）	Zhuubaajie	1-3	China cancels Norway meet	65	正面	服装	联想	2010-10-11	建模
Facebook（印）	David Dayton	2-13	Famous Chinese brands and other things you've never heard of	25	正面	服装,汽车,电器等	海尔	2010-1-29	建模
Facebook（印）	Hagon	2-4	Would you buy a Haima	23	正面	汽车,宠物食品,牛奶	海马,吉利,长城,奇瑞	2010-8-31	检验
Trade India（印）	Brett	3-9	Sunglass hut to customer Italy and China are the same	24	负面	眼镜,服装,电子产品,箱包		2010-4-29	建模
Rediff（印）	Mat	1-24	Geely rises to record high on Volvo progress	97	负面	汽车	吉利	2009-10-31	建模
One India（印）	匿名	4-10	Made in China: A plug-in hybrid for the masses	43	负面	汽车		2009-5-24	检验
Consumerist（美）	匿名	6-37	China Introduces "Made in China" Campaign	112	正面	宠物食品,日用品,服装,电器,数码,玩具,软件		2010-1-8	建模
Myspace（美）	匿名	7-22	Fantastic, M9	32	正面	手机	魅族	2008-3-3	建模
Consumerist（美）	Schmitt	6-93	Chinese Brands Going Global	31	正面	电器,汽车,宠物玩具,食品,牙刷	李宁,联想,海尔	2002-4-20	建模

第3章 研究一：来源国形象的扎根理论研究

续表

来源网	发起人	编码	主题	跟帖数	发帖者态度	涉及产品类型	涉及企业	日期	用途
Time(美)	Walters	10-4	Chinese brands import foreign celebrities	13	正面	服装	特步、邦威	2010-8-26	检验
Myspace(美)	Tyler Cowen	7-27	A Year without Chinese Goods	14	正面	玩具、手机、汽车、电器		2007-7-2	检验
CNN(美)	匿名	8-31	New Book: Poorly Made in China	54	负面	电子产品、手机及配件、电脑、家具		2009-7-30	建模
Facebook(美)	匿名	9-17	Be aware of Chinese product	19	负面	五金		2009-3-13	建模
Consumerist(美)	nina_21k	6-78	Florida City Tries to Ban Chinese Products	83	负面	汽车及零件、服装、包、玩具、食品、疫苗、手机、电脑、游戏、电器、日用品		2009-1-18	建模
Myspace(美)	Michael W	7-5	Our food safty	10	负面	食品、日化		2010-9-2	检验
Consumerist(美)	Chris Morran	6-23	Why Chinese Goods Can't Be Trusted	32	负面	日用品、食品、电池		2010-7-22	检验

根据开放编码的要求,我们先对所选取的 278 个样本帖子进行编码,其中含评论一共 6 138 条。为了在保留帖子原始状态的状态下更好地分析帖子中每句话的内容,开放编码主要是以"网站编号-帖子编号-评论编号-句子编号:范畴和概念编码"的形式来进行编码,如编码 1-2-3-4 表示编号为 1 的印度 Rediff 网站的第 2 个帖子中第 3 条评论的第 4 句话。更多关于具体编码的内容请详见论文最后的附录 1。

基于对之前来源国形象及效应文献的总结,再经过扎根理论分析过程中对帖标签进行多次整理分析,本研究最终从研究文献和数据资料中抽象出 16 个范畴及其下属的 72 个概念,具体请见表 3-3。

3.3.2 主轴编码

主轴编码(axle coding)是对开放式编码中被打乱、分割的数据进行类聚分析,建立不同范畴之间关联的过程。在建立关联时,需要分析各个范畴在概念层次上是否存在潜在的联结关系,从而寻找一定的线索(陶厚永、李燕萍和骆振心,2010)。在主轴编码过程中,本研究逐一分析了上一步开放编码中能建立不同范畴之间联系的帖子,以图揭示这些范畴之间潜在的因果关系。由于帖子数量众多,囿于篇幅所限,论文后面的附录 1 仅仅重点陈述了最为重要和典型的 30 条评论,这些评论比较全面地覆盖了本研究中的所有概念内容和范畴内容。

基于主轴编码的结果,本研究发现美、印两国消费者针对中国产品来源国形象的网络评论是存在一定的范畴类别和因果逻辑的。本研究将关系类别和因果逻辑归类为以下四个大类关系(表 3-4)。

3.3.3 选择编码

选择编码(selective coding)是指将主范畴识别出来,系统地将它和其他范畴进行比较从而揭示和验证各范畴之间的关系,同时还补充整齐那些尚未发展完备的概念化的范畴的过程。选择编码的主要目的,是识别出能够统领其他范畴的主范畴,运用所有数据及由此开发出来的范畴、关系等,对全部现象进行全面概括和简要说明,并进

表 3-3 开放编码形成的 16 个范畴

编号	主范畴	概念
1	产品品质	产品品质消费者所形成的来源国形象中非常关键的一个部分（Heslop and Papadopoulos, 1993; Papadopoulos, 2002），主要是消费者整体上对某国家所有产品各属性维度的感知。在数据中主要体现为：产品外观、产品功能（基本功能和附加功能）、产品耐用性、产品真实性、产品安全性、产品质量、产品工艺、产品科技含量
2	价格优势	价格－价值之比也是来源国形象的一个构成维度（Heslop and Papadopoulos, 1993; Li and Wyer, 1994），在数据中主要体现为：产品与其他国家产品价格的相对差异、产品本身的绝对性价比
3	经济发展水平	一个国家的经济发展水平越高，消费者对其技术成熟和工业化程度的感知就越高（Desborde, 1990; Papadopoulos et al., 2000; Verlegh, 2001; Pappu, Quester and Cooksey, 2007），从而对该国产品的印象就越好（Wang and Lamb, 1980, 1983; Desborde, 1990; Allred et al., 1999; Knight et al., 2003; Brijs, 2006）。这在数据中主要体现为外国消费者对中国经济实力、市场自由度、制造能力、出口额（债权国、货币、发展速度、国民生活水平等维度的感知
4	企业实力	影响消费者对某一国家企业及产品印象的一大重要因素，就是该国企业及产品的实力（Competence），这主要涉及广告、制造、服务、设计等多个维度（Nagashima 1970, 1977; Verlegh, 2001）。在数据中主要体现为：外国消费者对中国企业经营状况和经营能力的感知，包括以下各个方面：企业视野、企业规模、企业营销能力、企业技术能力、企业学习能力、企业创新能力、企业所在产业发展前景
5	商业伦理	企业伦理主要影响消费者对某国企业处理内外部关系时是否遵守道德规范的感知（Steenkamp, 1989; Heslop and Papadopoulos, 1993; Papadopoulos et al., 2000），数据包含的内容包括以下几个方面：产品安全（偷工减料、产品含毒）、顾客关怀（欺骗消费者、不实宣传）、不正当竞争（盗用专利权、假冒版权、商业贿赂、劳资关系（血汗工厂、雇佣童工）、社会责任（动物测试、污染环境）、商业信用（出口倾销、恶性竞争、损害其他）、质量监督（质量监控和安全管制）
6	综合国力	国本土经济和就业、商业监督（质量监控和安全管制）主要是外国消费者对中国整体国家实力及国际表现方面的感知（Papadopoulos, 2003; Martin and Eroglu, 1993; Pappu et al., 2007），数据中具体包括：经济实力、科技实力（科技水平、发展速度）、国际影响力、军事力量、地理优势（地大物博、物质丰饶）、历史优势（历史悠久、文化深远）

续表

编号	主范畴	概念
7	体系制度	来源国形象包括消费者对某国政治、经济、科技、自然、文化等国家政治和制度的感知（Allred et al., 1999），数据中内容包括：政治体系（意识形态、法制及执法、宗教信仰、领土问题、军事政策等），经济制度（卫生监督、质量控制、安全监管、劳动政策），科技制度（知识产权政策、科技保护、技术制度），生态制度（环境保护、环境污染）
8	文化规范	一个国家崇尚的价值观和推崇的评价、社会规范和传统，文化与传统（Bannister and Saunders, 1978; Allred et al., 1999; Brijs, 2006; Pappu, Quester and Cooksey, 2007），在数据中体现为：价值观、信仰、传统、道德水平、社会公平、风俗习惯、法律意识、人际关系
9	重要事件	引发大众对中国产品来源国形象广泛关注和强烈关注的情景变量：重要事件（如"毒奶粉"事件、奥运等）
10	合理性判断	外国消费者对中国企业及产品行为感知或是否行为正当、合适的判断，主要是两种判断结果：合理、不合理
11	消费者态度	外国消费者对中国产品或品牌的态度，包括3种不同程度的态度：满意（感谢、支持、给消费者带来价值）、中立（不好也不坏、一分钱一分货）、不满（失望、抵制、憎恶等）
12	消费者行为	外国消费者对中国产品或品牌采取的行为，它包括3种不同的行为：支持（接受、承认、购买、忠诚）、口传（发表相关口传行为、影响第三方购买）、抵制（仇视、抵制、放弃或停止购买）
13	产品类别	来源国形象对消费者的影响还受到产品类别（Peterson and Jolibert, 1995）的影响，数据中包含的产品类别主要有：快速消费品（食品、服装、日用品、箱包、五金）、耐用消费品（汽车、电器、数码产品、电子产品）、服务（游戏）、其他（奥运、航空）
14	产品可替代性	中国产品被其他国家产品替代的可能性
15	民族中心主义	来源国形象对消费者的影响还受到消费者的民族差异（Hong and Yi, 1992）的影响，这种消费者的民族中心主义在数据中主要表现为：保护本国经济的作用，对本国品牌的情感，地方归属情结，种族歧视（Hong and Toner, 1989; Maheswaran, 1994）。数据中消费者体现的消费知识包括：产品知识（有关产品属性的知识，有关产品背景的知识，有关产品使用的知识）、购买经验（之前是否有过购买中国产品或品牌的经验）、与中国接触经验（之前是否有去过中国或真切了解了中国实际情况的经验）
16	消费者经验	

第3章 研究一：来源国形象的扎根理论研究

表3-4 基于主轴编码的四大类关系

编号	关系类别	影响关系的范畴（对应编码）	关系的内涵
1	实用形象的形成	产品品质(1-24-4-3,2-13-2-3,6-93-8-1,7-22-7-2)，价格优势(2-13-4-4,6-37-14-2,10-4-8-5)，经济水平(2-13-4-4,6-37-14-2)企业实力(1-24-4-6,6-58-4-7,4-5-3-2)，重要事件(2-13-4-7,5-3-2)，消费者经验(1-24-4-1,7-27-12-3,9-17-1-2)，民族中心主义(6-37-14-3,7-22-3-1)	构成中国产品来源国形象的一个重要维度就是实用形象，它是消费者对中国企业及产品能为消费者带来价值多少的评价和感知。外国消费者对中国企业来源国绩效形象毁誉参半。一方面存在中国产品在同等"产品品质"水平上具有"价格优势"，中国企业成本控制和创新强（"企业实力"）等正面评价；但另一方面，由于中国产品一直以来的低价策略和部分"毒奶粉"等"重要事件"的偶然影响，外国知名品牌量少目不具优势，中国企业缺乏自主核心科技能力（"企业实力"），中国是个发展中国家（"经济水平"）等原因而形成负面的中国产品的实用形象。这种实用形象还会刻意贬低中国企业及产品形象，消费者经验"的影响；民族中心主义消费者会刻意贬低中国企业及产品形象，而真正了解中国产品质量、中国企业对中国企业及中国产品会有更为积极的来源国实用形象
2	社会形象的形成	商业伦理(3-9-20-2,6-23-1-9,8-31-4-2,6-23-1-4,7-22-7-1,9-17-8-9)，综合国力(1-24-4-7,6-18-1-6)，国家制度(4-3-1-2,6-78-13-9,10-4-4-1)，文化规范(6-37-14-3,9-17-1-1)，民族中心主义(4-3-1-2)	构成中国企业及产品来源国形象的另一个重要维度是社会形象，它涉及外国消费者对中国的"商业伦理"、"综合国力"、"体系制度"、"文化规范"等制度文化、经济因素的感受和认知。中国部分知名企业及产品给外国名品牌的国际声誉，中国的悠久历史、神秘文化，经济实力等国家资源和实力均给中国企业及产品带来了一定的正面制度形象。但更多的是，因为中国产品安全事故频发，血汗工厂新闻层出不穷，再加上中国货币升值，经济实力增长，以及"企业竞争"等"企业伦理""综合国力"方面影响他国经济和就业带来的影响，以及国际扩张，国际质量监管的缺失、低廉的劳动力成本、政治体系上的漏洞，法制的缺陷，知识产权对产品品质监管的缺失、低廉的劳动力成本、政治体系上的漏洞，法制的缺陷，知识产权保护

46

续表

编号	关系类别	影响关系的范畴（对应编码）	关系的内涵
2	社会形象的形成	6-37-14-3, 6-78-1-6), 消费者经验 (6-37-14-3)	上的薄弱（"体系制度"）和"社会来源国社会形象"的不认同等因素, 造成了负面的中国社会形象。这种社会形象对消费者对中国"社会规范"的影响;民族中心主义社会也会受到"消费者经验"的负面社会刻意放大中国产品的负面社会形象, 而真实去过中国或与中国实际接触的消费者, 则对中国企业及产品有更为积极的来源国社会形象
3	消费者态度的形成	合理性判断 (6-78-28-3, 6-23-1-1), 产品类型 (4-3-1-1, 6-37-5-2, 7-5-3-2, 10-4-8-1), 态度 (3-9-20-4, 6-18-1-1, 6-78-1-1, 9-2-3-1)	从"实用形象的形成"和"社会形象的形成"分析中可看出, 中国的"实用来源国形象"和"社会来源国形象", 都是影响外国消费者对中国企业及产品的正面形象和态度的重要因素。总体而言, 中国在"产品"、"价格"、"企业实力"的正面效果形象和"综合国力"方面的正面评价, 并进而形成"产品"、"企业实力"、"体系制度"和"文化规范"方面的负面绩效形象使消费者对中国企业及产品质量的"支持"或"商业伦理"、"综合国力"的态度、"综合制度"和"中立"的态度;商业伦理"、"综合国力"形成"支持"的消费者态度;但中国在"商业伦理"、"综合制度"方面的负面制度评价使消费者对中国企业及产品持振制态度, 并造成一部分产品实用顾客停止购买的态度;此外, 负面社会形象还会转移到中国企业及产品实用性上, 进而降低消费者对中国不可能生产出售性能良好的"实用形象", 给消费者带来价值的产品。此外, "产品类型"会调节中国来源国形象对企业及产品合理性感知的作用
4	消费者行为的形成	态度 (3-9-20-4, 6-18-1-1, 6-78-1-1, 9-2-3-1), 产品可替代性 (2-13-4-3, 6-78-28-3, 9-2-3-2, 10-4-8-3)	"消费者态度"是"消费者行为"形成的最主要原因。通过对"消费者态度""进而影响消费者因素而的分析, 我们可以了解到其他因素充当了调节变量, 尽管部分消费者因来源国形象而对中国产品持"不满"态度, 但囿于找不到其他可以取代中国产品的替代品, 最终还是倾向于购买中国产品

一步开发已有范畴,使其具有更完备、更细微的特征(李志刚、李国柱,2008)。经过开放编码、主轴编码及其相关分析后,本研究根据研究目的对原始资料、概念、范畴,尤其是范畴关系进行了不断的比较,将本研究的核心问题范畴化为中国产品"来源国形象的形成机制"及"来源国形象的影响机制"两大主范畴(如图3-2所示)。这两大核心范畴,其实与经典的认知–态度–行为理论是相一致的。消费者对中国产品及品牌会形成一个整体性的来源国形象,这种认知会影响到消费者对中国企业或产品的合理性的判断,进而影响到消费者对中国企业或产品的态度和行为。下面展开分析这两大主范畴能否统领其他的主范畴。

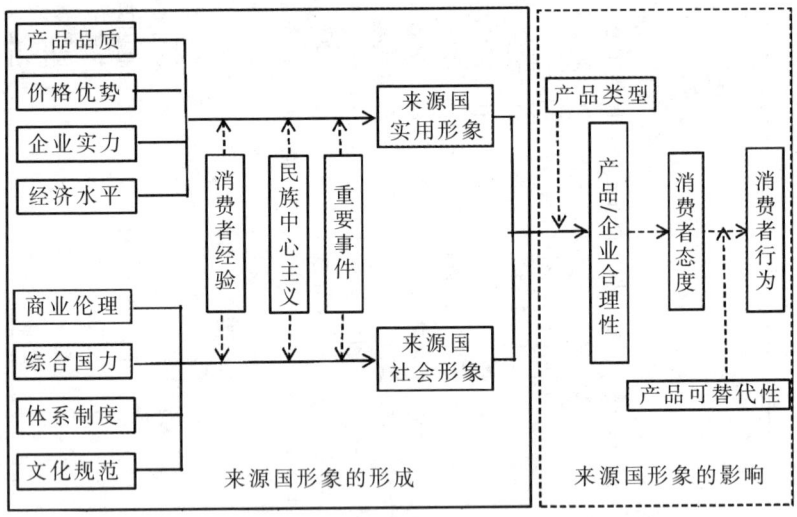

(说明:图中实线和实框表示本研究中新发现的关系,虚线和虚框表示已有研究中已证明其存在的关系。)

图3-2　中国来源国形象的形成及影响

3.3.3.1　中国来源国形象的构成

显然,消费者对中国企业及产品的来源国形象,是由实用形象和社会形象两大维度构成。它们均会受到"民族中心主义"、"消费者经验"和"重要事件"的影响:①存在民族中心主义的消费者会刻意放大中国品牌的负面来源国形象,包括实用形象和社会形象(8-31-5:我买了一台中国生产的电视机,只用了两年就报废了[8-31-5-3 产品品质-耐用性差]……我们购买这种便宜货真的省钱了吗?[8-31-5-4 合理性判断-不合理]什么才是真正的物有所值,美国产品才能做到。现在美国却到处充斥着各种廉价货。为什么没有人来拯救美国呢?[8-31-5-5、6、7、8 民族中心主义]……我们都能生产出电视机[8-31-5-11 国家实力-制造能力强],把这种机会还给我们美国人吧[8-31-5-11 商业文化-损害他国就业])。扎根理论数据的分析还表明,相比印度消费者,美国消费者"民族中心主义"会更为强烈,对中国来源国形象的认知也更为负面。②真正了解中国、真实去过中国或有与中国实际接触的消费者则对中国产品有更为积极的来源国形象(6-78-13:你们都曾去过中国吗?……在中国北部,绝大多数工厂里的工人的住宿和工作环境都和我们一样好[6-78-13-3 企业伦理-工作环境]。在散布有关工作环境的无稽之谈前,先自己亲自去中国深入调查一下吧。……中国工人都能得到应得报酬,不然政府就会惩罚管理者[6-78-13-9 国家制度-政治体系-劳动政策]。中国的劳动法和移民法都比美国严格得多[6-78-13-10 国家制度-政治体系-劳动政策]。你们也完全不了解中国的商业实践。我和中国人做生意10年了[6-78-13-12 消费者经验-和中国人实际接触经验]。他们比美国人高尚得多[6-78-13-13 商业文化-诚信],也对工人们好得多!)。③某些负面事件会剧烈恶化消费者对中国来源国形象的认知(2-13-2:最近以来的玩具召回、宠物食品召回和牙刷召回[2-13-2-3 重要事件-产品召回]等,让"中国制造"已经成为了一个产品品质的警示标示[2-13-2-3 产品品质-差])。

(1)实用形象

"实用形象"主要是消费者对中国产品绩效表现,能为其带来实质性利益程度的印象,它包括消费者对中国产品品质、价格优势、企业实力和经济水平的印象和认知,主要包括:①产品品质。外国消费者心目中有关整体中国产品的外观、功能、品质、工艺、科技含量、耐用性、真实性、安全性的评价越高,就意味着他们心目中的中国产品的实用形象越好;但总体而言,中国产品在安全、耐用性两大维度的感知形象较差。②价格优势。在外国消费者心目中,中国产品的性价比越高、与其他国别产品的价格差距越大,他们心目中的中国产品的实用形象就越好。③企业实力。消费者对出自有实力中国企业的产品有较好的实用形象。④经济水平。消费者对中国经济实力、市场完善度和技术水平等的感知越好,就会使消费者所形成的中国产品来源国实用形象越好。

虽然存在含铅玩具、有毒食品等负面新闻,但相当一部分外国消费者,无论是来自美国或印度,都认为中国产品具备一定的正面来源国实用形象,这也是他们支持中国产品的理由(4-3-1:中国在制作精致玩具[4-3-1-1 产品品质-工艺-精致]以及手机等方面[4-3-1-1 产品类型-玩具、手机]都有着引人注目的专业优势[4-3-1-1 企业实力-技术能力强、制造能力强]。与此类似的还有 1-24-4、2-13-2、6-58-7 等)。

(2)社会形象

"社会形象"主要是消费者对中国企业及产品背后的整体国家制度、社会和环境的感知,它包括消费者对中国政治体系、社会文化、科技环境、自然生态、行业环境等的感知,主要包括:①商业伦理。部分中国企业国际化时盗用专利或版权、假冒仿制、欺诈行骗、商业贿赂、恶性竞争、欺骗消费者等不正当竞争手段让消费者形成了中国企业道德恶劣,而中国人贪婪、不守信用、善用恶性竞争、唯利是图的刻板印象,加上近年来中国企业污染环境、虐待劳动、雇佣童工、产品有毒等方面的负面新闻也使得外国消费者对中国产品形成了负面的社会形象。②综合国力。中国得天独厚的地理优势、资源优势和历史优势,以及日益增强的经济实力和科技实力均会正面影响外国消费者心目中中国产品的制度形象;但另一方面,中国综合国力的日益强盛也会带给他国经济和就业一定的压力,并给他们消费者形成威胁感,促使他们形成对中国产品的负面社会形象。③体系制度。中国在政治体系、经济制度、科技制度和生态制度上的漏洞和缺陷,与外国消费者对中国产品的负面制度形象正相关。④文化规范。囿于文化和意识形态等之间的差异,外国消费者对中国部分传统文化和社会规范的诟病也是形成中国产品负面社会形象的重要原因。

虽然中国产品在来源国形象上也具备地理、资源、历史和实力的

3.3 研究过程

部分优势,但总体而言外国消费者心目中的中国企业及产品的来源国社会形象是负面的。这种负面形象不仅会降低中国企业及产品在消费者心目中的实用形象,还会让消费者感觉购买中国产品的行为是不合理的,这也是中国企业及产品无法获得他们真心支持甚至遭受抵制的重要原因(6-18-1:以下是抵制中国产品的部分原因[6-18-1-1 态度、行为-抵制];虐待囚犯[6-18-1-2 国家制度-法制];廉价出口破坏他国就业和经济[6-18-1-3 商业伦理-不正当竞争、破坏他国经济和就业];军事扩展[6-18-1-4 综合国力-军事扩张];恶意影响世界[6-18-1-5 综合国力-国际影响力];计划生育[6-18-1-6 体系制度-法制-计划生育];强迫劳工[6-18-1-7 商业伦理-强迫劳工];否认工人权利[6-18-1-8 商业伦理-工人权利]……与此类似的还有 6-37-14、6-78-1、7-24-1)。

(3)两种形象之间的关系

社会形象不仅直接影响消费者对中国企业及产品的态度,还会通过影响实用形象来间接影响消费者的中国企业及产品的来源国形象感知。源自国家经济实力、地理优势和历史优势的正面社会形象不仅会弥补中国企业及产品在绩效表现上的部分缺失,还会帮助提升消费者心目中中国企业及产品的实用形象(6-58-7:"中国制造就是垃圾"这种老思想[6-58-7-1 产品品质]已经不再适应实际情况了[6-58-7-1 态度-支持]。中国现在是超级强国[6-58-7-2 经济水平-经济实力强大;国家实力-综合国力],她以地大物博著称[6-58-7-2 综合国力-地理、资源优势],在国际上广受欢迎[6-58-7-2 综合国力-国际影响力]。与此类似的还有 4-3-1 等)。反之,国力强盛给他国人民带来的威胁感、中国国家制度的缺陷、商业伦理的缺失等带来的不合理社会形象也会进一步降低消费者对中国产品实用形象的感知(6-23-1:这个国家已经被贴上了不公平的经济政策[6-23-1-3 国家制度-经济不公平政策]以及严重的环境破坏[6-23-1-3 国家制度-生态-破坏环境]的标签……我之所以停止购买[6-23-1-13 支持行为-停止购买]中国产品的另一个原因就是安全问题[6-23-1-13 产品品质-不安全]……中国不像我们国家有严格的卫生监督体系[6-23-1-15 国家制度-经济-卫生监督体系],因此质量就得不到保证[6-23-1-15 产品品质-质量],

我不想成为中国产品的下一个受害者[6-23-1-15 合理性判断-不合理]。与此类似的还有 8-25-11、9-17-1)。

3.3.3.2 中国来源国形象的影响

虽然中国企业及产品存在负面来源国社会形象，但其在产品绩效这一实用性形象维度所具备的良好优势仍会积极影响外国消费者对中国企业产品的态度，赋予了他们支持中国企业及其产品的行为的合理性。来源国形象对消费者的态度和行为的影响过程还会因"产品类型"而异(6-23-26：人人都喜欢谈那些被中国召回的产品(<1%)，那么那些没有被召回的产品呢(>99%+)[6-23-26-1 产品品质]，像我们的 iPod,90%的美国银器？或大多数的 Juniper 路由器？或者我们的笔记本电脑、上网本和游戏机？哦，我忘了。还有无以数计的美国设计而由中国分部制造的美国汽车(如别克)[6-23-26-1、2 产品类型]，它们统统都被视为"非垃圾"[6-23-26-2 产品品质-质量、性能]而为消费者广为接受[6-23-26-2 合理性判断-合理的]。中国肯定有不足之处，但也要辩证看问题[6-23-26-3 态度-中立]。与此类似的还有6-37-5 等)。

态度有强度、成分、方向等因素，这些构成在对行为的关系上作用是不同的，当态度强度达到域限，则自然容易引起相应的行为。显然，满意的态度容易形成正面的行为，不满意的态度容易形成负面的行为。但是在中国来源国效应中却出现了一些例外，不满意的态度也有可能产生正面的行为，如对中国企业及产品持负面评价和态度的消费者仍然还是会选择做出"继续购买"的正面支持行为。尽管消费者因对负面的来源国社会形象而对中国企业及其产品持不满的态度，但因为中国企业及产品有较好的"实用形象"及其在国际市场上的"不可替代性"，最终消费者仍会选择继续购买中国产品(6-78-28：美国政府感觉到威胁[6-78-28-1 综合国力-威胁]。但大多数销售都是由消费者买单的，他们根本就不会受到影响[6-78-28-2 行为-支持、继续购买]。中国产品不可能被取代[6-78-28-3 产品可替代性-不可替代]。与此类似的还有 2-13-4、9-17-8)。

而基于实用形象和社会形象这两大来源国形象模型的构建，我们也可以理解为何在负面来源国形象之下中国产品虽然无法得到消费者内心的认同却仍会获得消费者行为上的支持。一方面,因为感知到中国企业及产品的负面社会形象,消费者不仅有可能会削弱、贬低心目中已经建立的中国的正面实用形象,甚至还可能会视中国企业或产品不具备合理性。他们无法接受和认同中国产品,并会采取一系列的抵制行为;但另一方面,即使中国企业及产品存在负面的来源国社会形象,但其合理的实用形象和中国产品的不可替代性优势又会促使消费者认为购买中国产品是理所当然的,并做出购买等正面支持行为。

3.3.4 理论饱和度检验

作为决定何时停止采样的鉴定标准,理论饱和度检验是指不可以获取额外数据以使分析者进一步发展某一个范畴之特征的时刻(胡幼慧,1996)。为了检验理论饱和度,我们对预留的 55 个帖子和文献进行了编码和分析,相关资料的内容仍然是反映中国产品的来源国形象的。由于帖子和文献太多,我们只列举 5 条作为举证:

4-3-1:中国在制作精致玩具[4-3-1-1 产品品质-精致]以及手机等产品方面[4-3-1-1 产品类型-玩具、手机]都有着引人注目的专业优势[4-3-1-1 企业实力-技术能力强、制造能力强]。大多数关于中国产品的坏话都是出于对中国的强大技术发展[4-3-1-2 综合国力-技术实力强大]的政治[4-3-1-2 体系制度-政治因素]憎恨[4-3-1-2 民族中心主义,态度-憎恶]。

7-5-3:安全是最重要的。众所周知,中国产品缺乏安全性(7-5-3-2 产品品质-安全],在购买前认真检查也是你的必要工作 [7-5-3-2 行为-口传影响他人购买],尤其是像买拖拉机、卡车等大宗购买[7-5-3-2 产品类型-耐用消费品]。中国产品也存在版权[7-5-3-3 商业伦理-不正当竞争-盗用版权]和品牌(7-5-3-2 企业实力-品牌声誉]的问题。

7-5-8:我通常不会注意制造国。但我却知道中国视产品原料如儿戏[7-5-8-2 商业伦理-劣质原料],放松产品管制[7-5-8-2 体系制度-缺乏质量监控和安全管制]的情况。由于中国水源与土壤等环境问题[7-5-8-3 体系制度-环境污染]及政府监管不利[7-5-8-3 体系制度-政府监管],我至少在知情的情况下,不会购买任何中国食品[7-5-8-3

行为-抵制]。

9-2-3:我的最后一线希望也破灭了[9-2-3-1 态度-失望],以后我不会再购买中国的产品了[9-2-3-1 支持行为-抵制]。这个决定可能会很难执行,因为很难找到比中国更便宜[9-2-3-2 价格优势-便宜]的产品了[9-2-3-2 产品可替代性-很难找到替代品],但是希望,在看到我的建议后,会有越来越多的人同意我的观点并加入到我的行列[9-2-3-2 支持行为-口传影响他人购买]。

10-4-8:我得承认,我个人最喜欢[10-4-8-1 态度-满意]的就是中国的食物[10-4-8-1 产品类型-快消-食品]。比如说,苹果汁。基本上美国商店里 90%的苹果汁都是取自中国苹果[10-4-8-3 产品可替代性-不可替代]。不可否认,美国人工资是高一些,但高工资得到的是质量。我们想要更便宜的服装、DVD 播放器、电视等[10-4-8-5 产品类型-服装、电器],这些使得沃尔玛货架上充斥了来自中国的廉价的[10-4-8-5 价格优势-廉价]、垃圾的[10-4-8-5 产品品质-质量差]产品。这些东西经常买后没多久就坏了[10-4-8-6 产品品质-耐用性-易坏]。所以接下来,你就得花更多钱再买另一个。到最后,我们根本就没省钱[10-4-8-8 合理性判断-不合理]。现在美国的方式就是求量不求质。我们只想要便宜,更便宜和最便宜。但它们统统都是垃圾[10-4-8-11 产品品质-垃圾]。我们美国人需要改变自己的购物方式。美国人,停止购买那些你不需要的中国垃圾吧![10-4-8-13 行为-口传影响他人购买、抵制]。

完成预留验证组帖子的开放编码后,发现没有形成新的范畴和关系。因此,可以认为上述理论模型是饱和的(Pandit,1996)。

3.4 理 论 分 析

上述构建的模型是典型的"认知-态度-行为"理论架构,可以较好地揭示中国企业及产品的来源国形象对消费者购买行为的影响。从模型两大核心范畴的解析中,我们可以看出:来源国形象是消费者判断自己购买中国产品的行为是否合理并决定是否给予中国企业及其产品以支持的标准之一。但是,该模型没有回答:①为什么消费者会从实用形象和社会形象这两大维度认识来源国形象?这里面的深层理论机制是什么?②既然消费者会根据中国产品的实用形象和社会形象来决定购买态度和行为,那么这两种形象又究竟是如何影响消费者态度及行为的呢?

3.4.1 来源国形象:大范围合理性认知

已有来源国相关研究,大多是视来源国形象为一项重要的产品外在线索,来探讨其对消费的影响——消费者基于对某国的来源国形象认知,来推断来自于该国的产品属性,进而做出消费判断(Peterson and Jolibert,1995;Knight and Calantone,2000;Samiee,2010)。将来源国形象作为产品的一个独立外生属性在一定程度上有助于我们理解消费者为什么更愿意购买发达国家的产品(Schooler,1965)。但根据本文扎根理论的分析发现,消费者对来源国形象的认识并不是简单的"来源国形象等于产品质量"的逻辑。除了来源国的实用性因素外,来源国形象中所隐含的文化、制度、规范等社会因素对于消费者而言同样具有重要的诊断价值。与其说外国消费者在购买中国产品时所考虑的是"是否值得购买",不如说他们更关注支持中国企业及产品的行为"是否合理"(6-23-1:我这么做[笔者注:指停止购买中国产品][6-23-1-1 行为-停止购买]的第一个理由是这样做是合理的[6-23-1-1 合理性判断-不合理]……与此类似的还有 6-18-1 等)。也就是说,所有中国企业及产品所共有的来源国形象,实质上被视为了一种大范围的合理性,成为了消费者判断某个具体的中国企业或产品的小范围合理性,从而决定是否给予该企业或产品支持的重要标准之一。

合理性是指在现行的社会规范、价值观、信念和定义下,用来判断某个实体的行为是否是社会所需要的(desirable)、合适的(proper)、恰当的(appropriate)一种总体认知(Suchman,1995)。根据合理性理论的观点,跨国经营的企业及其品牌都嵌入在东道国的经济环境和制度环境中,遵循所处环境中的社会规则而存在(Scott and Meyer,1994)。当企业及品牌获得与东道国的经济和制度环境长期适合的社会文化的一致性,以及行为的习惯方式被消费者重复时,才会被认为是合理或制度化的(DiMaggio and Powell,1983;Suchman,1995),合理性也由此产生(Berger and Luchman,1966;Suchman,1995)。只有在获得合理性的前提下,企业或产品(品牌)才可能赢得消费者接受和支持(Kates,2004)。因此,来源国形象作为一种大范围的合理性,它是东道国国民对某企业或某产品的来源国一系列固定信念的集合,这些信念决定了该国企业或产品是否能被消费者接受、存在并经营(Dimaggio and Powell,1983;Powell and Dimaggio,1991)。

企业或产品的来源国形象在国际市场中需要获得两种合理性(Handelman and Arnold,1999):①实用合理性(pragmatic legitimacy)。它主要用于判断某国的企业及产品是否满足了利益相关者的实用利益需求(Suchman,1995;Dowling and Pfeffer,1975),其目的是增加购买者或利益相关者的财富(Bendapudi,Singh and Bendapudi,1996)。这要求企业遵守市场交换机制的规则,最大限度地保证企业及产品给众多利益相关者带来绩效(Handelman and Arnold,1999),不断地去塑造并优化本国企业及其产品的实用形象。②社会合理性(social legitimacy)。它主要基于社会的主流规范和文化判断支持某国企业及产品的行为是否合适(Suchman,1995;Scott and Meyer,1994)。这要求企业遵守东道国的文化含义、制度和社会规范(Handelman and Arnold,1999),并通过不同的宣传沟通策略来塑造并提升本国产品的社会形象。

国际化企业在东道国的不断发展的动力不仅来自于技术和产品的绩效表现,还受到周围文化规范、象征性的符号、信念和仪式的制约(Powell and Dimaggio,1991)。因此,才会如前文扎根研究结果呈现的情况——消费者会从实用合理性和社会合理性两大维度认识来源国形象:一方面消费者会从中国企业的产品品质、价格优势、经济水平和企业实力等来源国形象的绩效性因素来判断中国企业及产品的实用合理性。另一方面,消费者还会从商业伦理、综合国力、体系制度和文化规范等来源国形象的制度性因素来判断中国企业及产品的社会合理性。

3.4.2 来源国效应:合理性溢出效应

只有在某来源国形象这种大范围合理性存在的前提下,该国产品才能获得消费者的支持从而为企业及产品带来较好的市场绩效,而消费者支持最重要的体现分别是购买意向、口传意愿和抵制倾向(Handelman and Arnold,1999)。这样就不难理解为什么扎根理论分析中所得到消费者态度和行为的相关范畴都是围绕购买、口传和抵制三大概念而展开了。既然消费者对企业及产品的支持会受到来源国实用形象和社会形象的影响,那这两种形象究竟是如何影响消费者的支持态度和行为的呢?

如第2章"2.3 国际化企业的外国者劣势"部分所述,处于外国者劣势下的外国企业由于不能有效地嵌入在东道国信息网络之中,其自身和东道国环境都缺少正确了解、分析和评价对方的必要信息(Kostova and Zaheer,1999)。此时,外国企业在东道国的合理性化进程会被延迟,消费者及公众不能找到过去的绩效记录来对企业进行准确的公正的评价(Zimmerman and Zeitz,2002),信息的缺乏会导致东道国受众会基于他们感知的这个企业所属的那个类别的组织的刻板印象和其他非理性标准而非效益等客观标准来刻板地评价该国际化企业,给企业以怀疑及更严格的审查(Kostova and Zaheer,1999)。这些印象和标准代表了"人们观察、概括和解释环境中刺激的方式",通常是以国家性的符号和刻板印象的形式呈现的(Kostova,1999:314)。因此,外国企业在东道国面临的外国者劣势主要就来自于国家性的符号和刻板印象(Eden and Miller,2004),其中最为关键的一种,就是东道国常年累计的、理所当然的对该企业的来源国的印象(Kostova and Zaheer,1999)。

基于此论述,我们可以推论:来源国形象之所以会影响消费者对该国企业及产品的支持,主要是因为产生了合理性溢出效应。合理性溢出效应(legitimacy spillover effect)是指,企业合理性的获取不是一个企业自身单独作战的过程,还是企业所在的某个群体的影响溢出的过程(Dobrev et al.,2006;Li et al.,2007),单个企业的小范围合理性会受到其所属某大类企业的大范围合理性的影响(Desai,2011;Grayson et al.,2008;Kostova and Zaheer,1999;Rhee and Valdez,2009)。

制度理论将企业和消费者等社会主体看作镶嵌于经济和制度环境之中(Kates,2004),这些社会主体在采取行动时,不仅会有从经济性角度的成本收益思考,而且会考虑涉及一个社会或社区相关的文化、含义、理想和可接受的社会规范在内的制度环境。某组织合理性的行为只有在某个特定的制度环境背景下才会得到认可(Nelson and Sampat,2001;North,1990)。据此推论,消费者的决策和满意受到他们自身对企业的小范围感知合理性的影响,而这种小范围合理性感知又受到其对所在的更广范围的社会环境对某一企业所属类别的大范围的合理性感知的制约(Grayson et al.,2008)。虽然身处在同一大类群体之中每个独立企业的合理性均有高低的差异,这些单个企业的小范围合理性也可以帮助企业减少与东道国环境互动之间的复杂性和不确定性,但这种小范围的合理性的作用却一般都是发生在大范围信任来源将这种作用合理化的情况下(Grayson et al.,2008)。因此,只有当大范围合理性存在的情况下,小范围合理性才能促进企业和东道国消费者(或其他涉众)之间的良性互动;反之,当大范围合理性缺失或低迷时,对于小范围企业的合理性感知也会降低(Desai,2011)。

作为一种大范围的合理性来源,来源国形象对于处于外国者劣势的企业而言,成为了东道国消费者及公众认知企业及其产品合理性的重要标准之一(如图3-3)。中国众多企业及品牌在国际化过程中所付出的种种努力都在致力于降低消费者对该企业及产品的不确定性感知,但是如果消费者同时接触到中国来源国形象的相关正面信息,消费者对属于该国的某特定企业或产品的小范围合理性感知将得到显著性的提升(如前文6-58-7)。反之,则大幅下降(如前文6-23-1)。

同时,来源国社会形象除了直接影响消费者对该国企业及产品合理性的判断外,还会通过影响来源国实用形象从而间接影响该国产品的合理性(8-25-11:中国不像发达国家,他们甚至没有公开透明的市场和政府[8-25-11-2 国家制度-市场机制、政府监管]。因此,产品的安全和质量[8-25-11-3 产品品质-安全、质量]就没有保证了)。这一数据显现的结果也与之前学者们提出的理论一致。如制度理论认为,实体所在制度环境对社会规则的重视要高于对实用性的关注,企业和消费者并不是基于技术考虑的纯理性产物(Roberts and Greenwood,1997)。即使中国企业及产品已经具有较好的产品品质等实用性表现,但如果中国的文化和制度规范得不到外国消费者的认可,那么外国消费者对中国制度和规范的猜疑和诟病同样会传递到对中国企业和产品的来源国实用形象上。因此,来源国实用形象和社会形象不仅会分别直接影响消费者对中国企业/产品实用合理性和社会合理性的判断,消费者对来源国社会形象的认知还会影响来源国实用形象的认知对整个中国企业/产品合理性判断的作用。

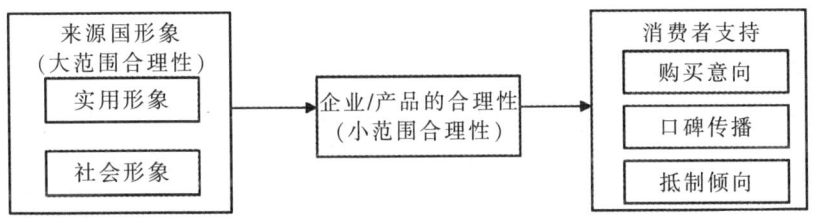

图 3-3　来源国形象的合理性溢出效应

3.5　研究结论

扎根理论研究通过美、印消费者对中国企业、产品及国家评价帖子的扎根分析得出了一定结论和管理启示,但也存在一些不足。

3.5.1　研究发现

1)来源国形象是一个多维概念。已有研究对来源国形象维度的划分忽略了来源国形象中所依附的制度和文化因素对购买行为的影响,不能充分地指导企业,尤其是发展中国家企业的国际化进程。本研究发现,消费者会从实用和社会两大维度来形成来源国形象:①实用形象包括产品品质、价格优势、经济水平和企业实力四个方面的因素,消费者会根据这四个方面来判断来自这个国家的企业及其提供的产品是否能够满足其基本的实用性需求。如果该国企业及产品能够满足消费者的基本利益需求,消费者会认为该企业或产品具有较好的实用形象。②来源国的社会形象包括商业伦理、综合国力、体系制度和文化规范四大方面的认识。当一个国家的政治体系、社会文化、科技环境和自然生态等因素的认知与消费者所在国家的制度和文化一致时,消费者会认为该国具有较好的社会形象。

2)来源国形象本质上是消费者对该国所有企业及产品的一种大范围合理性认知和判断,它通过合理性溢出效应而影响消费者对该国特定企业及产品的支持。合理性理论能为分析消费者行为和营销现象提供一个很好的解释逻辑,很有必要拓宽其在营销领域的研究应用 (Dowling and Pfeffer,1975;Kates,2004)——本文用扎根理论将合理性理论应用于来源国形象研究也再次印证了这一点。扎根理论的研究结果表明:消费者会分别基于来源国实用形象和社会形象形成对该国企业及产品小范围合理性的判断,进而决定对企业及产品采取何种支持态度和行为(购买、口传或抵制)。因此,即使中国的部分负面社会形象制约了外国消费者对中国企业及产品合理性(尤其是社会合理性)的正面感知,但中国企业励精图治后日渐提升的正面实用形象让消费者形成了中国企业合理性(尤其是实用合理性)的判断,使得中国企业产品广为接受。但囿于消费者心目中对中国社会形象所持的负面刻板印象,中国在来源国形象的社会形象维度的表现较差,导致其无法获得消费者真心支持。更大的难题是,由于一般情况下,对制度的重视会高于对实用性的考虑(Roberts and Greenwood,1997),来源国社会形象会影响实用形象在消费者支持中所发挥的作用——这才导致了中国品牌在国际化进程上举步维艰。

3.5.2 研究局限

但囿于目前在学术界关于扎根理论的争议颇多,主要集中在其效度、信度、推广度和伦理道德等问题上(陈向明,1996),所以本质性研究尚存在一些不足:

1)扎根理论存在质性研究方法局限。扎根理论可以较好地基于经验资料揭示出类属范畴或变量间的关系,但作为一种质性研究方法,它还无法准确地考察一个变量对另一个变量的影响程度,也无法体现出两个变量的交互对另外一个变量的影响(Charmaz,2006)。虽然现有研究结果显示出来源国的实用形象和社会形象均会正面影响

3.5 研究结论

企业/产品的合理性产生从而作用于消费者支持,但一方面,这个结论是否具有更为普遍的意义,还需在后续的研究中将一些范畴进行概念化和操作化改进,采用量化数据分析来检验模型中不同变量之间的相关性。另一方面,虽然扎根理论研究已经初步提出来源国形象的实用形象和社会形象之间的关系,但有关这两种形象之间的交互如何共同作用于特定的企业或产品,这还需要进一步的深入定量分析。因此,总体来说,还需要基于定性研究的成果,通过实证的定量研究设计来具体考察来源国形象的合理性溢出效应。

2)没有考察企业合理化战略在其来源国形象合理性溢出效应中发挥的作用。由于采用的是互联网的二手本文数据进行分析,所以其中所涉及的内容只是涵盖了来源国形象如何影响消费者对企业或产品的支持,却不能反映出企业在这种来源国形象溢出效应过程中的主动能动性所产生的影响。尤其是对于身处负面来源国形象的企业或产品而言,如何通过企业自身的能动努力和战略行为来削弱负面的来源国合理性溢出效应——这不仅可以结合来源国形象方面的研究从企业战略操作层面来丰富现有制度理论中企业合理化战略的理论成果,也可以为后进国家的国际化企业提供非常有效的指导意义。因此,无论是从理论的需要,还是实践的角度,都有必要将企业合理化战略纳入研究框架中,来进一步分析企业在来源国形象合理性溢出效应发挥作用的过程中能做哪些努力来帮助自身提升在东道国经营的合理性,从而获得理想的市场绩效。

第4章 研究二:来源国形象合理性溢出效应实证研究

4.1 研究目的

第3章扎根理论质性研究发现:来源国形象作为一种大范围合理性,会对国际化企业及产品的合理性产生溢出效应,从而影响到消费者对该企业的支持。但质性研究仍存在以下不足:一是还需要进一步的量化研究以扩大研究结论的普适性;二是没有能解释来源国形象实用和社会两个维度对企业/产品合理性的具体影响,即对来源国形象的合理性溢出效应缺乏更详细的探讨和更细化的解释。

所以,在研究二中,本文拟定:将扎根理论研究中所得的一些范畴,进行概念化和操作化改进,构建出系统的理论框架研究模型,并采用量化数据分析,来揭示和验证来源国形象、企业/产品的合理性和消费者支持之间的关系,以进一步具体阐释来源国形象的构成和机制。

具体来说,研究二要在扎根理论研究发现的基础上,基于外国者劣势理论和合理性溢出效应理论,完成以下研究目标:

①验证来源国形象通过影响企业/产品合理性这一中介变量来正向影响消费者对该企业/产品的支持,以证实来源国形象的合理性溢出效应;

②揭示并验证来源国实用形象和社会形象在合理性溢出效应中对消费者支持的具体影响,以证实来源国形象合理性溢出效应的不对称性。

4.2 理论基础和假设演绎

4.2.1 合理性溢出效应

合理性溢出效应(legitimacy spillover effect)是指,企业合理性的获取不是一个企业自身单独作战的过程,而是一个企业所在的某个群体的影响溢出的过程(Dobrev,Ozdemir and Teo,2006;Li et al.,2007),单个企业的小范围合理性会受到其所属某大类企业的大范围合理性的影响(Desai,2011;Grayson et al.,2008;Kostova and Zaheer,1999)。

为什么存在大范围合理性制约小范围合理性的这种溢出效应?制度理论将企业和消费者等社会主体看作镶嵌于经济和制度环境之中(Kates,2004),这些社会主体在采取行动时,不仅会有从经济性角度的成本收益思考,也会考虑涉及一个社会或社区相关的文化、含义、理想和可接受的社会规范在内的制度环境。据此推论,消费者的决策和满意不仅受到他们自身对企业的小范围感知合理性的影响,也会受到其所在的更大范围的社会环境对某一企业所属类别的大范围的合理性感知的制约(Grayson et al.,2008)。因此,东道国涉众对某特定企业/产品的合理性的判断,会基于该企业所属国家的所有企业/产品的合理性(即来源国形象)而做出(Kostova and Zaheer,1999)。虽然身处在同一大类群体之中每个独立企业的合理性均有高低的差异,这些单个企业的小范围合理性也可以帮助企业减少与东道国环境互动之间的复杂性和不确定性,但这种小范围的合理性的作用却一般都是发生在大范围信任来源将这种作用合理化的情况下(Grayson et al.,2008)。因此,只有当大范围合理性存在的情况下,小范围合理性才能促进企业和东道国消费者(或其他涉众)之间的良性互动;而反之,当大范围合理性缺失或低迷时,对于小范围企业的合理性感知也会降低(Desai,2011)。

合理性溢出效应可以取自不同的来源,也可以产生不同的方向。既有有益于企业合理性的正向溢出效应,也会有不利于企业合理性的负向溢出效应。正向的合理性溢出效应和负向的合理性溢出效应在其影响上可能是不对称的：负向的合理性溢出效应要大于正向的合理性溢出效应(Kostova and Zaheer,1999)。在正向溢出效应情况下，某一大类企业具备了合理性，并不一定会提高该大类群体中某一个企业的合理性；但反之，当某个领域或某个群体的企业因为产品质量或营销道德等问题而一直备受涉众的严格审视时，该大类群体内的负向合理性溢出效应就会更广泛并更密集，因为涉众会认为相关问题在这大类企业群体里是会长期并普遍存在的(Jonsson,Greve and Fujiwara-Greve,2009)。如果某大类企业中若有企业发生突出事故，如行业灾难、空难、有毒事故等，那么这些事故不仅会威胁到担责企业的合理性，其负向溢出效应还会扩散至整个企业所在的大类群体从而影响到其他组织的合理性(Desai,2011;Rhee and Valdez,2009)，甚至还有可能会摧毁相关组织、社会和文化系统。这种合理性的传染，可能会损害其他组织对于资源的获取，增加运营的不确定性，并最终威胁到这一大类企业的生存(Jonsson et al.,2009)。

4.2.2 外国者劣势下的企业合理化进程

跨国经营的企业在东道国往往会面临"外国者劣势"(Liability of foreignness) (Kostova and Zaheer,1999;Zeheer and Mosakowski,1997)，即因为面临纯本土经营公司所没有的特定成本,在获取合理性的投入上要高于本地企业。相比本土企业,外国企业在许多方面都会面临不同的合理性标准,必须付出更多的成本"通过支持本地社区等方式来塑造他们的声誉和善意"(Kostova and Zaheer,1999)。这些包含建立和维持合理性在内的成本使外国企业处于一种竞争劣势之中。随着国际化企业进行跨国经营的市场越多,其面临的合理化环境的复杂性就越高,企业合理化进程受到的挑战就越大(Kostova and Zaheer,1999;Eden and Miller,2004)。

外国者劣势之所以产生,其根本原因是国家与国家之间存在的制度距离,即两个国家之间在规制性、认知性和规范性制度方面的差异程度(或相似程度)(Kostova,1996)。由于制度距离的存在,东道国的合理化环境缺少公正评价多国企业进入的信息,这会导致多国企业的合理化进程延迟,东道国环境会给予多国企业以高于本土企业的持续性怀疑和审视(Kostova and Zaheer,1999)。同时,东道国的制度环境缺乏对企业的信息的了解,因此会使用刻板印象和差别化的标准来评价国际化企业及其产品,导致企业陷入"外国者劣势"。

4.2.3　来源国形象的合理性溢出效应

处于外国者劣势下的外国企业由于不能有效地嵌入在东道国信息网络之中,其自身和东道国环境都缺少正确了解、分析和评价对方的必要信息。此时,消费者及公众不能找到过去的绩效记录来对企业进行准确的公正的评价(Zimmerman and Zeitz,2002),信息的缺乏会导致东道国的消费者、供应商、政府和总体公众会基于他们感知的以国家性的符号和刻板印象和其他非理性标准而非效益等客观标准来更严苛地歧视性对待外国企业(Kostova and Zaheer,1999)。因此,外国企业在东道国面临的外国者劣势主要来自于国家性的符号和刻板印象(Eden and Miller,2004)。而这种刻板印象的一个主要来源,就是东道国常年累计的、理所当然的对该企业的来源国的印象(Kostova and Zaheer,1999)。

所以,在企业陷入外国者劣势的情况下,来源国形象作为一种大范围的合理性感知,会泛化为东道国消费者及公众认知企业及其产品这种小范围合理性的重要标准之一,通过这种合理性溢出效应而影响消费者对该国企业及产品的支持。当消费者感知某个特定国家具有较高的提供其所需产品的能力(或者具有较好的商业伦理、国际关系和善意)时,他们会给予该国的企业和产品以正面的支持(Maher and Carter,2011),因为这种较好的来源国实用形象(或社会形象)会溢出到消费者对该产品的小范围合理性感知上。但反之,消费者更不可能购买来自于他们所感知形象差的国家的产品,这既可能是因为他们认为该国经济发展水平而不可能生产出质量过硬的产品(即实用形象较差),也可能是因为他们认为该国的制度不完善或者在政治等表现上不利于他国福利(即社会形象较差)。比如,就有研究者指出:澳大利亚消费者因为法国在南太平洋制造核弹实验,而更倾向于抵制法国产品(Ettenson and Klein,2005)。

本研究在第3章研究一的扎根理论研究结果也证明：消费者会基于来源国实用形象和社会形象形成对该国企业及产品小范围合理性的判断，进而决定对企业及产品采取何种支持态度和行为（购买、口传或抵制）。所以，如果消费者对某国的来源国形象的大范围认知越好，那么其对属于该国的某特定企业或产品的合理性感知也越高，对该企业或产品的支持也就会越高；反之，则越低。综合上述，提出假设1和假设2：

H1：来源国形象会正向影响消费者对该国某企业的支持，具体而言：

H1a：相对于差来源国实用形象，好来源国实用形象会导致消费者对该国某企业以更高的支持；

H1b：相对于差来源国社会形象，好来源国社会形象会导致消费者对该国某企业以更高的支持。

H2：企业或产品的合理性中介于来源国实用形象和社会形象对该国某企业的消费者支持的影响。

制度理论研究者认为：制度环境中的社会性规范高于实用性的考虑，企业和消费者并不是基于技术考虑的纯理性产物（Roberts and Greenwood, 1997）。制度环境中的一系列制度规范都会使得其成员更多考虑绩效之外的问题（Meyer and Rowan, 1977）。而 Arnold, Handelman and Tigert (1996)、Handelman and Arnold (1999) 对于零售店的调查结果也显示：当考虑到一个零售商为社区所做的贡献（社会形象）时，如地理便利性、性价比和有益的广告等实用性因素对于消费者的零售店选择的影响就会减弱。

而扎根理论研究的结果也表明：即使中国企业及产品已经具有较好的产品品质等实用性表现，但如果中国的文化和制度规范得不到外国消费者的认可，那么外国消费者对中国制度和规范的猜疑和诟病同样会传递为对企业及产品合理性的质疑。因此，来源国实用形象和社会形象不仅会分别直接影响消费者对中国企业/产品实用合理性和社会合理性的判断，消费者对来源国社会形象的认知还会影响到来源国实用形象对整个中国企业/产品合理性所产生的影响。所以，提出假设3：

H3：来源国社会形象正向调节来源国实用形象对消费者支持的影响。

4.3 预 实 验

研究一拟采用实验方式来验证来源国形象、企业/产品合理性和消费者支持的关系：来源国形象作为一种大范围的合理性，可以通过合理性溢出效应正向影响隶属于该国的某单个企业及产品的小范围合理性感知，从而影响到消费者支持；但这种合理性溢出效应具有不对称性，来源国社会形象除了会直接影响消费者对企业支持外，还会调节来源国实用形象对企业消费者支持的影响。

在进行主实验之前，本研究先通过一个预实验来开发来源国形象的操纵情境，并验证企业合理性和消费者支持量表的有效性。武汉某高校哲学院一共127名大三本科生参与了该预实验(N=127；年龄为22~25岁；61%为女性)，以平时成绩分5分作为参与实验的报酬。

4.3.1 预实验设计

已有研究表明，来源国形象对消费者的影响还受到消费者知识(Hong and Toner, 1989; Maheswaran, 1994)、消费者的民族差异(Hong and Yi, 1992)和产品类别(Peterson and Jolibert, 1995)的影响。而本文第3章研究一的扎根理论研究结果发现：消费者知识、消费者民族差异、产品类别和重要事件均会影响到来源国形象的作用。因此，为了对这些有可能影响到来源国形象合理性溢出效应的因素进行较好的控制，我们在实验中通过虚拟名称而非具体实名来操纵企业和来源国。

本研究参照Berentzen and Backhaus(2008)采用虚拟企业名称来考察来源国形象影响的方法，虚拟了一家名为"World公司"的大众化服装企业(非高端)作为实验材料，并对该企业的规模、国际化经验、消费群体、经营产品类型、产品价格等属性信息做了简单描述："World公司是一家拥有3年国际化经验、资产为8 000万美元的服装公司。它于2011年1月进入中国，目前主要是向20~30岁的青年群体销售价位从 80~1 000 元的品牌服装。"之所以选择普通服装企业作为实验材料,一方面是因为消费者在评价普通服装这类搜索型产品时,会综合外观、价格、来源国等多维度的信息考虑而形成购买决策(Nelson,1970;Darby and Karni,1973),避免因选择红酒等来源国效应较明显的典型性产品所造成的偏差。另一方面是因为一般消费者在确认产品质量特征的能力和知识上是没有显著差异的(Nelson,1970;Darby and Karni,1973;朱瑞庭,2004),可以较好在实验中控制住消费者知识在来源国形象发挥作用过程中的影响。

本研究遵循 Maher 和 Carter(2011)虚拟来源国名称来考察来源国形象对消费者影响的做法,虚拟了 4 个研究情境来操纵来源国形象。4 个情境中,World 公司的来源国分别为虚拟的 A、B、C、D 国:A 国为实用形象好、社会形象也好;B 国为实用形象和社会形象皆差;C 国为实用形象好、社会形象差;D 国为实用形象差、社会形象好(具体实验操纵的文本描述请见附录 2)。采用这种虚拟国家名称的做法可以较好地排除国家敌视等对于来源国形象作用的影响(Ettenson and Klein,2005;Klein,2002;Nijssen and Douglas,2004)。

实验流程方面,具体如下:首先出现实验指导语,引导被试了解实验者身份、实验的纯粹学术研究目的等信息。然后,呈现实验材料,让被试阅读一些有关 World 企业及产品的相关信息。在被要求回答一系列与本实验变量无关的问题后,让被试阅读 World 企业来源国的相关信息。紧接着,让被试针对消费者支持的量表做出回答。接下来,让被试对企业合理性的量表做出回答。在问卷的最后部分,让被试对实验中所呈现的 A 国(或者 B、C、D 国)来源国形象量表进行评分,以考察来源国形象的类型是否被成功操纵。最后,研究者收集了被试的人口统计特征。

4.3.2 来源国形象操纵情境的开发

预实验的目的之一,就是开发对来源国形象的有效操纵方式。本研究在 Maher 和 Carter(2011)对来源国形象进行实验情境开发的基础上,基于研究一中扎根理论研究的研究结论,采用了三个步骤来开发实验中来源国形象的操纵情境,以保证被试关于来源国形象的具体感知被成功操纵：

1）第一步给出 4 种来源国实用形象和社会形象的具体描述。4 种实验情境下分别虚拟了 A、B、C、D 四国：A 国为实用形象好、社会形象也好；B 国为实用形象和社会形象皆差；C 国为实用形象好、社会形象差；D 国为实用形象差、社会形象好（具体实验操纵的文本描述请见附录 2）。来源国实用形象是基于某国的产品品质、价格优势、企业实力和经济发展水平的；而来源国社会形象是基于某国的商业伦理、国际表现、体系制度和文化规范的。

2）第二步主要是发展有效的操纵检验量表，用于测量对来源国形象两大维度的操纵是否成功。在被试看完有关来源国情境操纵情境的文本后，会以"您觉得下面这些对 A 国（或者 B、C、D 国）的描述是否恰当？"的方式要求被试针对问卷中所包含的 12 个问项做出评价（如表 4-1 所示）。所有的特性评估语项都用从 1（非常不同意）到 7（非常同意）的 7 分量表来测量。在这 12 个文字描述的特性中，

表 4-1　　　　　　来源国形象的测量语项

来源国实用形象

1. A 国的产品具有良好的质量
2. A 国的产品存在使用安全问题 *
3. 购买来自 A 国的产品让我觉得物有所值
4. A 国的企业能为消费者提供性价比高的产品
5. A 国的经济实力是消费者利益的保证
6. A 国企业的总体竞争实力较强

来源国社会形象

1. A 国企业在国际竞争中有良好的诚信口碑
2. A 国企业缺乏商业道德 *
3. A 国人民是友好善良的
4. A 国在国际上的表现是得体的，不会给他国造成威胁
5. A 国的政治体系是完善、成熟、民主的
6. A 国的文化是令人向往的

备注：此表只以 4 个情境中的 A 国为例。每个语句都要求被试从 1（非常不同意）到 7（非常同意）打分。* 代表反向语句

来源国实用形象维度的特性一共有6个语项,具体由Parameswaran and Pisharodi(1994)来源国形象量表中的受欢迎产品属性形象量表、Verlegh(2001)的性价比亚量表和Pappu、Quester and Cooksey(2007)宏观国家形象量表中的经济亚量表组合改编而成。来源国社会形象维度的特性一共有6个语项,具体由Heslop and Papadopoulos(1993)来源国产品形象量表中的市场伦理亚量表、Papadopoulos et al.(2000)国家形象量表中的受欢迎关系亚量表、Pappu et al.(2008)宏观国家形象量表中的政治文化状况亚量表组合改编而来。所有问项都采用双向互译法翻译成中文。

3)第三步是对实验情境文本描述的预操纵检验。4个实验情境的文本,在课间休息时被发放给武汉某高校的127名哲学院的大三本科生。所有被试均随机地被安排到4个情境中的任意一个。研究者要求被试阅读文本情境,并基于情境中所描述的A国(或者B、C、D国)的描述来回答12个有来源国形象的测量语项。整个过程持续时间为8分钟左右。结果表明这些操纵检验量表具有较高的信度,来源国实用形象量表(α=0.84)和来源国社会形象量表(α=0.88)的Cronbach's α系数都在0.8以上。语句之间的相关性也比较高,相关系数在0.62以上。将整体12个语项的量表做因子分析,因子分析结果表明有两个因子被成功提出,分别对应于来源国实用形象和制度形象的测量,表现出了较好的判别效度。

而基于ANOVA分析的结果显示:好来源国实用形象组中来源国实用形象的得分要显著高于差来源国实用形象组,即A、C两国材料组的来源国实用形象得分要显著高于B、D两国($M_{实用\ A\ 和\ C}$=5.69,SD=1.45 vs. $M_{实用\ B\ 和\ D}$=2.20,SD=0.98;$F(1,123)$=6.74,$p<0.01$);同样,好来源国社会形象组中来源国社会形象的得分要显著高于差来源国社会形象组,即A、D两国材料组的来源国社会形象得分要显著高于B、C两国($M_{社会\ A\ 和\ D}$=5.91,SD=1.23 vs. $M_{社会\ B\ 和\ C}$=2.15,SD=1.42;$F(1,123)$=5.15,$p<0.05$)。此外,好来源国实用形象组的实用形象得分显著高于量表的中位数($t(62)$=5.59,$p<0.01$),证明实用形象高于人们一般理解水平;差来源国实用组的实用形象得分显著低于量表的中位数4($t(61)$=5.25,$p<0.01$),证明差来源国实用形象低于人们一般

期望水平。好来源国社会形象组的实用形象得分显著高于量表的中位数($t(61)=6.23, p<0.01$),证明好来源国社会形象高于人们一般期望水平;差来源国社会组的社会形象得分显著低于量表的中位数($t(62)=6.92, p<0.01$),证明差来源国社会形象低于人们一般期望水平。

除此之外,来源国实用形象和来源国社会形象的操纵并没有受到对方操纵的影响。在来源国实用形象好的情况下,不同来源国社会形象情境下的来源国实用形象得分并无显著差异,即A国材料组和C国材料组两个组之间的来源国实用形象得分并无显著差异($F(1,123)=3.14, p>0.05$);同样,在来源国社会形象好的情况下,不同来源国实用形象情境下的来源国社会形象得分并无显著差异,即A国材料组和D国材料组两个组之间的来源国社会形象得分并无显著差异($F(1,123)=2.44, p>0.05$)。在来源国实用形象情境差的情况下,来源国实用形象的得分在好、差两种来源国社会形象情境中的得分也无显著差异,即B国材料组和D国材料组两个组之间的来源国实用形象得分并无显著差异($F(1,123)=3.58, p>0.05$);在来源国社会形象差的情境下,来源国社会形象的得分在好、差两种来源国实用形象情境中的得分也无显著差异,即B国材料组和C国材料组两个组之间的来源国社会形象得分并无显著差异($F(1,123)=3.05, p>0.05$)。

以上步骤显示,对来源国形象两个维度的四种情境的操纵是有效的。

4.3.3 合理性和消费者支持的测量

检验假设还需找到合适的量表来测量中介变量和因变量。在本研究中,中介变量企业的合理性和因变量消费者支持的测量都是基于成熟量表翻译改编的(表4-2):

1)企业的合理性主要基于Elsbach(1994)和Handelman and Arnold(1999)合理性量表改编而来,一共8个语项,其中测量社会合理性的有4个语项,测量实用合理性的有4个语项,采取双向互译法翻译成中文。所有语句都采用Likert 7点量表,从1~7分别代表"非常不同意"到"非常同意"。经主成分因素分析抽取出两个有效因子,分别对应于实用合理性和社会合理性,总方差解释量为77.11%,各

表 4-2　　　　　中介变量和因变量的测量语项

企业合理性量表

1. World 公司为其他外国企业应该如何开展经营活动而树立了范例
2. World 公司提供的产品能满足我的需求
3. World 公司的作为符合人们对一家制造公司的期望
4. World 公司所提供的产品让我觉得物有所值
5. World 公司所提供的产品和服务都是符合最新潮流的,能满足我的需求
6. World 公司真诚地倾听人们对它报以的期望
7. World 公司要做出很多努力,才能让我去买它的产品 *
8. World 公司为所有来自其同一国的公司树立了行为准则的典范

消费者支持量表

1. 如果要求在抵制 World 公司的声明上签名,我会签 *
2. 我会向朋友们推荐 World 公司
3. 我愿意购买 World 公司的产品

备注:每个语句都要求被试从 1(非常不同意)到 7(非常同意)打分;* 代表反向语句

因子载荷值均>0.7。量表的信度系数为 0.84,说明本量表的测量结果是可以接受的。

2)消费者支持量表是基于 Handelman and Arnold(1999)的消费者支持量表翻译和改变而来,一共 3 个语项,采取双向互译法翻译成中文,分别对应于测量消费者的购买意愿、口传行为和抵制倾向。所有语句都采用 Likert 7 点量表,从 1~7 分别代表"非常不同意"到"非常同意"。量表的信度系数为 0.72,总方差解释量为 72.53%,各因子载荷值均>0.6,说明本量表的测量结果是可以接受的。

4.4　实　验　一

预实验的研究结果表明,来源国形象实验操纵情境具有较好的效果,而实验中用于测量企业合理性和消费者支持的量表也具有较好的信度和效度。因此,基于预实验的做法,实验一采用 2(来源国实用形象:好 vs. 差)×2(来源国社会形象:好 vs. 差)的组间实验设计,

以具体考察来源国形象实用形象和来源国社会形象所组成的四种具体来源国形象类型对消费者支持的影响,以及其中企业合理性的中介作用,以验证本研究中所提出的假设。武汉五所高校一共154名本科生和硕士生参与了该实验(N=154;年龄为21~26岁;55%为女性),以平时成绩分5分作为参与实验的报酬。

4.4.1 实验操作和程序

沿用预实验的研究设计,我们在实验一中虚拟了"World 公司"为一家普通服装(非高端)作为实验材料,并对该企业的规模、国际化经验、经营产品类型、产品外观价格等属性信息做了简单描述。其次,实验中虚拟了 A、B、C、D 国 4 种实验情境:A 国为实用形象好、社会形象也好;B 国为实用形象和社会形象皆差;C 国为实用形象好、社会形象差;D 国为实用形象差、社会形象好。

实验流程也沿用预实验的做法,具体如下:首先出现实验指导语,引导被试了解实验者身份、实验的纯粹学术研究目的等信息。然后,呈现实验材料,让被试阅读一些有关 World 企业及产品的相关信息。在被要求回答一系列与本实验变量无关的问题后,让被试阅读 World 企业来源国的相关信息。紧接着,让被试针对消费者支持的量表做出回答(α=0.65)。接下来,让被试对企业合理性的量表做出回答(α=0.73)。在问卷的最后部分,让被试对实验中所呈现的 A 国(或者 B、C、D 国)来源国形象量表(α=0.83)进行评分,以考察来源国形象的类型是否被成功操纵。最后,研究者收集了被试的人口统计特征。

4.4.2 结果与讨论

4.4.2.1 操纵检验

首先,本文进行了 2(来源国实用形象:好 vs. 差)×2(来源国社会形象:好 vs. 差)的 ANOVA 检查,来考察来源国形象的操纵效果。如预期一般,好来源国实用形象组中来源国实用形象的得分要显著高于低来源国实用形象组,即 A、C 两国材料组的来源国实用形象得分要显著高于 B、D 两国($M_{实用\ A\ 和\ C}$=5.64,SD=1.43 vs. $M_{实用\ B\ 和\ D}$=2.38,SD=1.32;$F(1,150)$=4.37,$p<0.05$);同样,好来源国社会形象组中来源

国社会形象的得分要显著高于差来源国社会形象组,即 A、D 两国材料组的来源国社会形象得分要显著高于 B、C 两国($M_{社会 A 和 D}$=5.72,SD=1.55 vs. $M_{社会 B 和 C}$=2.21,SD=1.92;$F(1,150)$=6.04,$p<0.05$)。此外,好来源国实用形象组的实用形象得分显著高于量表的中位数($t(76)$=9.54,$p<0.01$),而差来源国实用形象组的实用形象得分显著低于量表的中位数 4($t(74)$=8.26,$p<0.01$)。好来源国社会形象组的实用形象得分显著高于量表的中位数($t(74)$=8.45,$p<0.01$),而差来源国社会形象组的社会形象得分显著低于量表的中位数($t(76)$=7.97,$p<0.01$)。

除此之外,在好来源国实用形象的情况下,不同来源国社会形象情境下的来源国实用形象得分并无显著差异,即 A 国材料组和 C 国材料组两个组之间的来源国实用形象得分并无显著差异($F(1,150)$=3.12,$p>0.05$);同样,在好来源国社会形象的情况下,不同来源国实用形象情境下的来源国社会形象得分并无显著差异,即 A 国材料组和 D 国材料组两个组之间的来源国社会形象得分并无显著差异($F(1,150)$=2.33,$p>0.05$)。在差来源国实用形象情境下,来源国实用形象的得分在好、差两种来源国社会形象情境中的得分也无显著差异,即 B 国材料组和 D 国材料组两个组之间的来源国实用形象得分并无显著差异($F(1,150)$=3.18,$p>0.05$);在差来源国社会形象情境下,来源国社会形象的得分在好、差两种来源国实用形象情境中的得分也无显著差异,即 B 国材料组和 C 国材料组两个组之间的来源国社会形象得分并无显著差异($F(1,150)$=3.13,$p>0.05$)。

以上结果表明对来源国实用形象和社会形象的操纵是有效的。

4.4.2.2 假设检验

H1 是假设来源国实用形象和来源国社会形象均会正向影响消费者对该国某企业的支持,H2 所提出的是企业合理性的中介作用,而 H3 所提出的是来源国社会形象和来源国实用形象的交互效应,因此本研究遵循 Baron and Kenny(1986)验证有中介和调节效应的程序,采用三个步骤来展开分析:第一步,建立消费者支持对来源国实用形象、来源国社会形象以及两种形象交互效应的回归,如表 4-3 的模型 1 所示,证实来源国实用形象和来源国社会形象对消费者支持的主效应,结果显示:来源国实用形象(β=0.37,t=4.39,$p<0.001$)和来

源国社会形象($\beta=0.44, t=5.36, p<0.001$)和两者交互($\beta=0.20, t=2.23, p<0.05$)均会显著正面影响消费者支持,H1a 和 H1b 得到支持;第二步,建立企业合理性对来源国实用形象、来源国社会形象以及两者交互的回归,表 4-3 中的模型 2 证实了来源国实用形象($\beta=0.28, t=3.21, p<0.01$)和来源国社会形象($\beta=0.31, t=3.87, p<0.001$)和两种形象交互($\beta=0.16, t=2.12, p<0.05$)对企业合理性的直接正向影响,H3 得到支持;第三步,模型 3 中将企业合理性、来源国实用形象、来源国社会形象和两种形象交互一起作为自变量,来考察它们对消费者支持这一因变量的影响。此时,来源国实用形象($\beta=0.14, t=1.94, p>0.10$)和两种形象交互项($\beta=0.08, t=1.30, p>0.05$)对消费者支持的影响则变得不再显著。来源国社会形象($\beta=0.25, t=3.16, p<0.05$)对消费者支持的影响显著性降低,而企业合理性对消费者支持的正面效应高度显著 ($\beta=0.36, t=4.43, p<0.001$; Sobel $z=2.48, p<0.001$)。这一结果部分支持了H2,即企业合理性充当了来源国形象对消费者支持影响的部分中介。以上三个步骤的分析表明:①企业合理性完全中介于来源国实用形

表 4-3　　实验一中企业合理性的中介效应分析结果

	路径	β 值	t 值	p 值
模型 1	P-CS	0.37	4.39	$p<0.001$
	S-CS	0.44	5.36	$p<0.001$
	P×S-CS	0.20	2.33	$p<0.05$
模型 2	P-L	0.28	3.21	$p<0.01$
	S-L	0.31	3.87	$p<0.001$
	P×S-L	0.16	2.12	$p<0.05$
模型 3	P-CS	0.14	1.94	$p>0.10$
	S-CS	0.25	3.16	$p<0.05$
	P×S-CS	0.08	1.30	$p>0.05$
	L-CS	0.36	4.43	$p<0.001$

备注:P=来源国实用形象,S=来源国社会形象,CS=消费者支持,L=合理性
为了验证中介效应,采用了均值之间 t 检验来检查 β 系数减少的情况,所有 p 值均<0.05。Sobel 检验也证实了来源国社会形象对消费者支持影响系数的显著降低($z=2.48, p=0.01$)

象、两种形象交互对消费者支持的影响,但部分中介于来源国社会形象对消费者支持的影响,因为来源国社会形象对消费者支持的影响系数在模型 3 中仍然显著。②企业合理性中介于来源国实用形象和社会形象的交互。

模型 1 中的结果已经证明来源国社会形象和实用形象两者交互对消费者支持有显著的影响。为了更具体地观察 H3 中来源国社会形象的调节作用,本文将四种来源国形象下的消费者支持得分均值在图 4-1 中标出。

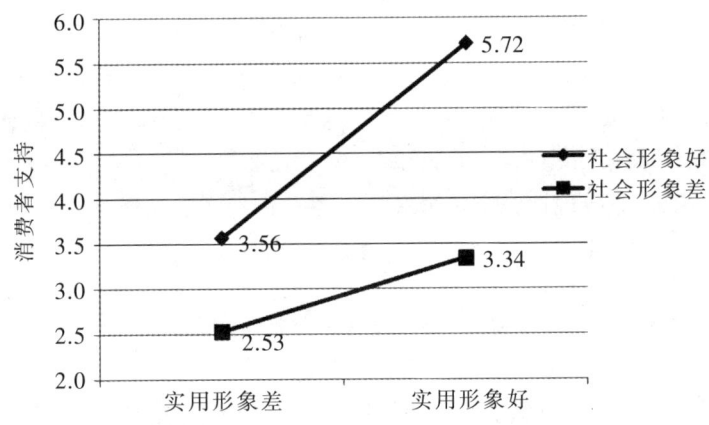

图 4-1 来源国实用形象和社会形象对消费者支持的影响

结果表明,所得消费者支持从高到低排列的来源国类型依次是:来源国实用形象和社会形象皆好的 A 国(M_A=5.72)、社会形象好而实用形象差的 D 国(M_B=3.56)、社会形象差而实用形象好的 C 国(M_B=3.34)、来源国实用形象和社会形象皆差的 B 国(M_B=2.53)。相对于差来源国社会形象情境而言,好来源国实用形象在好来源国社会情境中会比平均水平(主效应)导致更高的消费者支持。相比处于差来源国社会形象组的被试,好来源国社会形象组中被试对某企业的支持的增长幅度会随着来源国实用形象的增高而变大。而相对于好来源国社会形象情境而言,差来源国社会形象情境下消费者支持随来源国实用形象增长的幅度要相应低于平均水平,也就是说,差来源国社会形象会制约消费者支持随来源国实用形象提升而增高的程度。

4.4.2.3 总结与讨论

实验研究结果表明：来源国的实用形象和社会形象都会正向影响消费者对隶属于该国某一企业的支持，而这种影响主要是以企业合理性认知和判断作为中介机制的。换言之，来源国形象对消费者购买行为和企业市场绩效的影响机制之一是合理性溢出效应：消费者会基于来源国实用形象和社会形象形成对所有某国企业的大范围感知，从而影响到对该国某特定企业及产品小范围合理性的判断，进而决定对企业及产品采取何种支持态度和行为(购买、口传或抵制)。所以，如果消费者对某国的来源国形象的大范围认知越好，那么其对属于该国的某特定企业或产品的合理性感知也越高，对该企业或产品的支持也就会越高；反之,则越低。

除此以外，因为东道国消费者所在制度环境中的一系列制度规范都会使其在评价某一企业的合理性时得到更多考虑企业或产品绩效之外的问题(Handelman and Arnold,1999)，所以来源国社会形象不仅会通过影响消费者感知的企业合理性而影响到消费者对企业的支持，还会正向调节来源国实用形象对消费者支持的影响。当某来源国的制度、文化、规范、道德等因素受到消费者的认可而具备较高的社会形象时，那么此时随着来源国实用形象的提高,消费者对该国企业及产品的支持的增长幅度也会增加。但是当某来源国的社会形象较低时，来源国实用形象增长对提高消费者支持所起的作用就要低于来源国社会形象高情境。

总之，本研究通过实验证明来源国实用形象和社会形象会通过合理性溢出效应影响到东道国消费者对某企业的合理性判断，从而再影响到消费者对企业的支持。但是,这种来源国的合理性溢出效应是否会受到企业本身的能动战略行为的影响呢？企业是否可以发展相应的战略行为来应对来源国形象对企业合理性的制约呢？这需要后续研究的进一步回答。

前文已经提到，合理性溢出效应既可能是有益于企业合理性的正向溢出效应,也可能是不利于企业合理性的负向溢出效应。正向的合理性溢出效应和负向的合理性溢出效应在其影响上可能是不对称的；负向的合理性溢出的效应要大于正向的合理性溢出效应(Kostova and Zaheer,1999)。在正向溢出效应情况下,某一大类企业具备了合理性,并不一定会显著提高该大类群体中某一个企业的合理性;但反之,当某个领域或某个群体的企业因为产品质量或营销道德等问题而一直备受涉众的严格审视时,该大类群体内的负向合理性溢出效应就会更广泛并更密集,因为涉众会认为相关问题在这大类企业群体中是会长期并普遍存在的(Jonsson et al.,2009)。

据此推论,当某个国家具备正面积极的来源国形象时,这种大范围的高合理性确实会溢出到其下的企业和产品。但是当消费者对某国的来源国形象存在较差的评价时,这种差形象对其所属企业和产品产生的影响要大于那些正面来源国形象对其所属企业和产品产生的影响。研究二中实验一所得的结果也印证了这一点:所得消费者支持从高到低排列的来源国类型依次是来源国实用形象和社会形象皆好的 A 国(M_A=5.72)、社会形象好实用形象差的 D 国(M_B=3.56)、社会形象差实用形象好的 C 国(M_B=3.34)、来源国实用形象和社会形象皆差的 B 国(M_B=2.53)。存在差的来源国实用形象或差的来源国社会形象的实验组中消费者支持的得分都明显偏低。

再结合本文在第 1 章和第 3 章中所提到的中国企业在国际化进程中受到来源国形象制约的现实情况来看,本文下一步主要关注的问题在于:当来源国形象较差,即大范围的合理性低迷时,企业又可以通过什么样的行为来提升自身小范围的合理性,从而提高消费者支持呢?

第5章 研究三：企业合理化行为的影响机制研究

5.1 研究目的

第4章研究二中的实验一再次验证了第3章中扎根理论的质性研究发现：来源国形象作为一种包含实用形象和社会形象在内的大范围合理性，会对国际化企业及产品的合理性产生溢出效应，从而影响到消费者对该企业的支持。这较好地揭示了来源国形象的构成和机制。

但是，研究一和研究二均未考虑到在来源国形象对企业/产品消费者支持产生作用的合理性溢出效应过程中企业能够发挥的主观能动作用。因此，本章中的研究三拟采用量化数据分析来揭示和验证来源国形象、企业合理化行为、企业/产品的合理性和消费者支持之间的关系。由于研究二中实验一的研究结果表明了低来源国形象对其所属企业和产品产生的影响较大，再结合中国企业在国际化进程中受到较差来源国形象制约的现实情况，本文下一步主要关注的问题在于：当企业所在的来源国形象较差即大范围的合理性低迷时，企业又如何通过自身的合理化行为来提升自身小范围合理性从而提高消费者支持这一市场绩效。这一研究主要有三点意义：①是从企业合理化战略层面对现有来源国相关文献的补充；②可以从来源国形象这一国际化营销要素的角度来考察企业合理化战略，从而拓展制度理论的现有成果；③对于与中国企业一般受制于较差来源国形象的后进国家企业而言，具有较好的实践启示意义。

具体来说，研究三要在研究一和研究二的研究结果基础上，基于外国者劣势理论和合理性溢出效应理论，完成以下研究目标：①揭示并验证：在来源国形象这种大范围合理性低迷的情况下，企业可以采用合理化行为来提升本企业/产品的小范围合理性;②揭示并验证来源国形象和企业合理化行为对消费者支持市场绩效的交互影响:在来源国实用(社会)形象较差时,相比绩效(制度)合理化行为,企业在东道国的制度(绩效)合理化行为所导致的消费者支持要更高。

5.2 理论基础和假设演绎

5.2.1 企业合理化行为对其消费者支持的影响

在"外国者劣势"下,东道国消费者及涉众因为缺少正确了解、分析和评价国际化企业的必要信息,会启动来源国形象来作为企业及产品合理性的评价标准。此时,来源国形象的合理性溢出效应就发生了,企业/产品的合理性会受制于来源国形象。一旦来源国形象这种大范围的合理性低迷或缺失,相应的企业/产品的合理性也会随之降低。那么,当受到低迷的大范围合理性的制约,即较差的来源国形象影响时,国际化企业可以如何应对这种合理性的溢出效应而提升自身小范围的合理性,从而获得消费者的支持呢? 虽然在来源国形象和制度理论的研究范畴内较少有研究重点讨论企业的防御型努力,但制度理论范畴内有关组织如何保卫其自身合理性以降低外部威胁的研究却为我们提供了洞见(Oliver,1991;Suchman,1995)。

制度理论认为,企业的合理化进程过程中会受到两大类因素的影响:①企业自身的特征和行为;②企业所在环境的特征及环境对企业的认知(Hybels,1995;Powell and DiMaggio,1991;Scott,1995;Kostova and Zaheer,1999)。因此,具体到本研究情境中,某企业的合理性不仅受到来源国形象的合理性溢出效应的影响,它还会受到企业本身能动性战略行为的影响。依照制度理论中战略学派的观点来说,合理性作为一种企业可获得的战略资源,是可以通过企业的合理化行为来获取并增强的,企业还可以通过自身积极能动的努力来改变其合理性的类型和数量(Deeds et al.,1997;Scott,1995a;Suchman,1995)。

众多制度理论的学者也均已经证明:当大范围的合理性(来源国形象)低迷而让人们无法感知为合理时,源于小范围合理性(企业)的保障机制就可以帮助企业获得生存和发展下去的资源。这些单个企业的小范围合理性也可以帮助企业减少与东道国环境互动之间的复杂性和不确定性(Grayson et al.,2008)。因此,当企业的合理性直接受制于大范围合理性时,企业可以通过积极主动的合理化行为(legitimation practise)来应对大范围合理性低迷所产生的溢出效应,以保卫和提升其自身的小范围合理性。尤其是在涉众对企业或其市场实际绩效不熟悉时,这种合理化行为的作用就会更加重要(Ashforth and Gibbs,1990)。

因此,当来源国形象存在负面合理性溢出效应时,外国企业可以基于自身能动的合理化行为来提升本企业或产品的小范围合理性,以帮助企业获得消费者支持。那么,外国企业可以通过哪些合理化战略行为来提高东道国消费者对它的支持呢?

已有制度理论的相关研究虽然分别从企业的能动性(从被动到主动,如 Oliver,1991)、企业的内部和外部(如 Rao et al.,2008)等视角提出了企业应对环境压力的合理化战略,但这些战略存在有限的作用边界,即它们主要是应对"新进入者劣势"(Suddaby and Greenwood,2005)发展而来。这些研究成果为市场中的新进者如何获得成功提出了很多有效的指导,但如果只是简单套用这些战略用于指导处于外国者劣势中的国际化企业,则可能会让产生"生搬硬套、回避或过激"的负面判断(Ashforth and Gibbs,1990)。同时,虽然有零星的关于企业国际化的研究提出企业可以通过产权调整(Gaur and Lu,2007)、企业社会责任行为(Palazzo and Scherer,2006)、战略联盟(Rao et al.,2008)等战略行为来获得在东道国的合理性,但是,考察国际化企业如何发展合理化营销行为以应对来源国形象的影响的研究仍显得十分薄弱。

文本前面的研究结果显示:消费者会从实用合理性和社会合理性两大维度认识来源国形象:一方面消费者会从中国企业的产品品质、价格优势、经济水平和企业实力等来源国形象实用形象来判断中国企业及产品的实用合理性。另一方面,消费者还会基于商业伦理、综合国力、体系制度和文化规范等构成的来源国社会形象来判断中国企业及产品的社会合理性。只有当企业或产品具备了合理性之后,才能赢得消费者的支持。对应于来源国形象的实用维度和社会维度，本研究主要采用的是 Handelman and Arnold(1999)为获取企业实用合理性和社会合理性而发展的两类合理化行为：

1)绩效行为：旨在遵循东道国任务环境规范的企业行为，它涉及了所有企业为完成具体、可度量的目标而开展的绩效活动，旨在彰显企业与任务环境规范（如竞争规范）的一致性（Handelman and Arnold,1999），是为满足企业利益相关者的个人利益。比如对于零售企业而言，其绩效合理化行为就主要体现在致力于提高产品陈列质量、扩充产品在销种类、降低产品价格、选择交通便利的地址设立分店、提供停车服务等，以此提高企业效率，以为顾客提供更高的价值和为股东带来更高的收益(Handelman and Arnold,1999)。除此以外，为顾客提供合理性价比的产品(Ashforth and Gibbs,1990)、提高产品创新成功率(Rao et al.,2008)、改善组织结构和流程以提升组织工作效率(Kostova and Zaheer,1999)，也都是提升股东价值和满足顾客需求的绩效合理化行为。

2)制度行为：旨在顺应东道国制度环境规范的企业行为，它包括使企业的行为、理念与东道国的制度、文化保持一致（Ashforth and Gibbs,1990；Handelman and Arnold,1999)的所有行动，意在显示该企业的行为是"恰当的"，遵循了那些未曾明言但却颇具威信的社会规则和规范(Handelman and Arnold,1999)，体现了组织对制度环境规范的遵守和支持，有益于东道国国家及社区的总体福利。对企业而言，制度行为包括支持和拥护社会环境中的主流价值观(Handelman and Arnold,1999)、关注和促进社区的福利（Ashforth and Gibbs, 1990；Handelman and Arnold,1999)、积极投身于慈善和公益(Chen et al.,2008)。

这两类合理化行为表达了企业对既定涉众所注重实用合理性和社会合理性的遵从和一致，因而可以帮助企业获得东道国消费者在内的诸多涉众的支持(Elsbach,1994)。据此提出假设4：

H4：在来源国形象差的情况下，企业可以通过合理化行为来提高自身小范围合理性，以获得更多消费者支持。

5.2.2 来源国形象在企业合理化进程中的影响

但是外国企业的管理者需要形成一种认识：基于本土化实践而进行调整的合理化行为并不一定能帮助企业获得东道国的接受，因为这种调整可能是基于"本土企业这样做能行，外国企业这样做也能行"的错误假设(Francis,1991)。在某些制度环境中（比如在某些民族中心主义非常强烈的国家），如果企业及产品的所在国是该东道国环境所抵制的对象话，那么某些外来企业虽然可以接近但可能很难真正获得合理性(Eden and Miller,2004)。所以，企业所采取的合理化行为所取得的市场绩效，还需要视其具体的来源国形象背景来看。

对于来源国实用形象和社会形象皆处于较差状态的国家而言，其所属企业是需要双管齐下地采用绩效合理化行为和制度合理化行为来提升其小范围合理性感知的(Handelman and Arnold,1999)。但是，现实中来源国形象在实用和社会两大维度的分布可能是不对称的，有些来源国形象之所以差是因为实用维度的形象较差，而有些来源国形象之所以差是因为社会形象较差（如目前在国际市场上的中国），此外，企业的资源是有限的，尤其是进行跨国经营而面临外国者劣势的国际化企业。为了使得企业有限资源的效果最大化，企业就必须选择最有效率的方式来应对来源国形象的制约以提高自身在东道国的合理性。

那么，在来源国形象只是差在实用形象或者社会形象某一方面的情况下，企业到底是应该①"两手都要抓，两手都要硬"，即将组织资源均匀地分布在绩效合理化行为和制度合理性行为上呢？②还是应该"迎难而上"，即若来源国实用形象差就主要集中组织资源和精力于通过企业的绩效合理化行为以努力提升企业的实用合理性，而来源国社会形象差就主要集中组织资源和精力于通过企业的制度合理化行为以努力提升企业的社会合理性呢？③或者采取"扬长避短"的做法，即若来源国实用形象差就主要集中组织资源和精力于通过企业的绩效社会合理化行为以巩固和强化企业的社会合理性，而来源国社会形象差就主要集中组织资源和精力于通过企业的绩效合理化行为以强化企业的实用合理性呢？

组织的合理化行为是有双刃剑效应的，即企业的合理性越低，涉众对其获取合理性努力的怀疑度就越高(Ashforth and Gibbs,1990)。因为消费者在评价他人具有自我服务(Self serving)倾向的信息时,会对这些信息的真实性评价打折。Jones and Pittman(1982)将这种现象称为"自我促销悖论"(Self promoter paradox)。当企业的实际能力越有问题或越未知时,越是"促销"企业的能力,人们就越会贬低这些促销行为的作用,因为企业的实际情况会降低这些行为的可靠性。所以,提高合理性的行为是非直接且"隐性的"手段时,成功的可能性会更高(Ashforth and Gibbs,1990)。

企业的确可以通过积极主动的声明、文本或行为等手段来向东道国涉众表达其自身与大范围来源国形象合理性之间的低相关性(Desai,2011;Suddaby and Greenwood,2005),以此维持企业及产品的小范围合理性。这些企业行为或活动为企业提供了自身比大群体中其他企业更为可靠的保证,实质上是 Oliver(1995)所提出的对外部涉众期望的一种操纵。但另外一些制度理论研究者则指出,试图影响外部涉众期望的操作可能会适得其反,因为这些努力可能会被认知为虚伪或者是故意人为操纵的(Desai,2011;Suchman,1995)。此时,那些试图印象管理的努力就会受到更高的怀疑。那些并没有直接受到大范围群体中负面事件影响的企业,可能会从避免受到注意中受益。这种规避策略与其他企业行为结合在一起,可以帮助企业减少与负面影响的联想(Desai,2011)。因此,考虑到更为积极的印象管理所带来的威胁,企业应该减少挑战性的努力,并更多地采取防御型行为。

由此可见,由于组织合理化行为的双刃剑效应和消费者的自我促销悖论,当来源国实用形象较差,而使得这种大范围的实用合理性处于一种低迷状态时,企业相对应的绩效行为会被视为一种操纵性或虚伪性的努力(Ashforth and Gibbs,1990;Suchman,1995),有可能反而会收到坏的效果;同理,当来源国社会形象较差而使得这种大范围的社会合理性处于一种低迷状态时,企业相对应的制度行为也可能会有适得其反的风险。所以,外国企业在东道国所采取的合理化行为只有当与其所属来源国形象的具体情况形成一定的"扬长避短"性的互补搭配时,才能帮助企业及产品获得更高的合理性从而获得较好的市场绩效。而据此提出本文的假设5:

H5:在来源国实用(社会)形象较差时,相比绩效(制度)合理化行为,企业在东道国的制度(绩效)合理化行为所导致的消费者支持要更高。

5.3 实验二

本文的假设 4 是:在来源国形象这种大范围合理性缺失或低迷的情况下,企业可以通过合理化行为来提升自身小范围企业合理性以获得更多的消费者支持,它所考察的重点是差来源国形象下企业有、无合理化行为对消费者支持所造成的影响是否存在显著区别。因此,本文只需要考虑在来源国形象高或者差、企业合理化行为有或者无的情况下来进行实验就可以达到验证假设 4 的目的,而不需要将来源国形象再仔细区分为实用或社会维度,也不需要再将企业合理化行为仔细区分为绩效或制度维度。

所以,实验二采用 2(来源国形象:好 vs. 差)×2(企业合理化行为:有 vs. 无)的组间实验设计,主要考察企业合理化行为的有、无和来源国形象的好、差的交互效应对该国某企业或产品的消费者支持的影响。武汉五所高校一共 99 名本科生参与了该实验($N=99$;年龄为 21~24 岁;58%为女性),以平时成绩分 5 分作为参与实验的报酬。

5.3.1 实验设计和程序

来源国形象类型的操纵主要是沿用实验一的研究设计,虚拟了"World 公司"为一家普通服装(非高端)作为实验材料,并对该企业的规模、国际化经验、经营产品类型、产品价格等属性信息做了简单描述。其次,实验中虚拟了 A、B 国 2 种实验情境:A 国为实用形象和社会形象皆好的来源国形象;B 国为实用形象和社会形象皆差的来源国形象。

实验流程如下:首先出现实验指导语,引导被试了解实验者身份、实验的纯粹学术研究目的等信息。然后,呈现实验材料,让被试阅读一些有关 World 企业及产品的相关信息。接着,让被试阅读 World 公司来源国(A 或者 B 国)的相关信息。之后,企业合理化行为情境中的被试会被要求阅读 World 公司合理化行为的资料,而无企业合理化行为情境中则没有这一步骤;紧接着,让被试针对消费者支持的量表做出回答($\alpha=0.67$)。接下来,让被试对企业合理性的量表做出回答($\alpha=0.86$)。在问卷的最后部分,让被试对实验中所呈现的 A 国(或者 B 国)来源国形象量表($\alpha=0.72$)进行评分,以考察来源国形象的类型是否被成功操纵。最后,研究者收集了被试的人口统计特征。

企业合理化行为的实验操纵主要是采用 Handelman and Arnold (1999)对企业合理化行为的实验场景设计。在无企业合理化行为情境中,被试在阅读有关企业来源国的信息之后就会直接要求回报消费者支持量表。而在有企业合理化行为情境中,会给被试呈现下面一段关于 World 公司行为的文本描述,其中包含绩效合理化行为和制度合理化行为:

"World 公司一直投资于技术的创新和工艺的改善,并致力于产品在中国的本土化。除此之外,World 公司在其价格管理上也有令人称道之处,其中国区总裁宣称其产品价格会一直稍低于其同档位的外国品牌竞争者。为了方便其消费者购买,World 公司往往选择进驻交通便利的百货商场及卖场,并会继续大力推进在各种商圈的建店工作。

除此之外,World 公司充分尊重中国的传统和文化,其广告场景多以家庭背景为主,多为体现家人之间的关爱和牵挂。World 公司也积极投身于中国地区性的慈善和公益,并坚持雇佣中国本土员工以为本地就业提供便利。"

5.3.2 结果与讨论

5.3.2.1 操纵检验

首先,运行了一组 2(来源国形象:好 vs. 差)×2(企业合理化行为:有 vs. 无)来考察来源国形象的操纵效果。如预期一般,阅读材料为 A 国的被试,所报告的来源国实用形象的得分要高于阅读材料为 B 国的被试($M_A=5.68, SD=1.34$ vs. $M_B=2.41, SD=1.23; F(1,95)=5.61, p<0.05$),来源国社会形象的得分也显著高于阅读材料为 B 国的被试($M_A=5.87, SD=1.64$ vs. $M_B=2.53, SD=1.68; F(1,95)=7.43, p<0.05$)。上述研究结果,表明来源国形象的实验操纵是成功的。

5.3.2.2 假设检验

H4 是假设在来源国形象较差的情况下,企业可以通过合理化行为提高消费者支持率。因此,为了验证假设 4,先以企业合理性为因变量运行 2(来源国形象:好 vs. 差)×2(企业合理化行为:有 vs. 无)的 ANOVA 分析,结果表明来源国形象的主效应显著($F(1,95)=13.03, p<0.01$),企业合理化行为的主效应不显著($F(1,95)=1.43, p>0.05$),来源国形象和企业合理化行为类型的交互作用显著存在($F(1,95)=4.58, p<0.05$)。对比结果发现,在企业没有采取合理化行为的情况下,阅读材料是 A 国(好来源国形象)被试所感知的企业合理性要明显高于阅读材料为 B 国(差来源国形象)的被试($M_A=5.64, SD=1.49$ vs. $M_{制度行为}=2.58, SD=1.16; F(1,95)=5.88, p<0.05$);但是,在企业存在合理化行为的情况下,好来源国形象(A 国)和差来源国形象(B 国)所导致的企业合理性的差距明显缩小($M_A=5.92, SD=1.37$ vs. $M_B=4.52, SD=1.08; F(1,95)=2.24, p<0.05$)。另外一组对比也表明企业合理化行为的存在会在差来源国形象情境中显著提高消费者对企业合理性的感知($F(1,95)=8.11, p<0.05$),但是在好来源国形象情境下则不会($F(1,95)=1.03, p>0.05$)。接下来,以企业合理性作为自变量,消费者支持作为因变量进行回归,结果表明企业合理性正向影响消费者对企业的支持($\beta=0.42, t=7.95, p<0.001$)。

再以消费者支持为因变量来运行 2(来源国形象:好 vs. 差)×2(企业合理化行为:有 vs. 无)的 ANOVA 分析,结果表明来源国形象的主效应存在,好来源国形象组被试的消费者支持得分要显著高于差来源国形象组($F(1,95)=7.24, p<0.05$)。此外,来源国形象和企业合理化行为的交互作用显著存在($F(1,95)=5.27, p<0.05$),如图 5-1 中的对比研究结果表明,在企业没有采取合理化行为的情况下,阅读材料是 A 国(好来源国形象)的被试对企业的消费者支持要明显高于阅读材料为 B 国(差来源国形象)的被试($M_A=4.78, SD=1.21$ vs. $M_B=2.34, SD=1.19; F(1,95)=5.69, p<0.05$);但是,在企业存在合理化行为的情况下,好来源国形象(A 国)和差来源国形象(B 国)所导致的消费者支持的差距不再显著($M_A=5.03, SD=1.37$ vs. $M_B=4.57, SD=1.08; F(1,95)=2.54, p>0.05$)。而进一步的对比结果发现,在差来源国形象情况下，企业合理化行为的存在会显著提高被试对于 World 公司的消费者支持($F(1,95)=6.26, p<0.05$)，但是在好来源国形象情境中则不会 $F(1,93)=1.78, p>0.05$)。

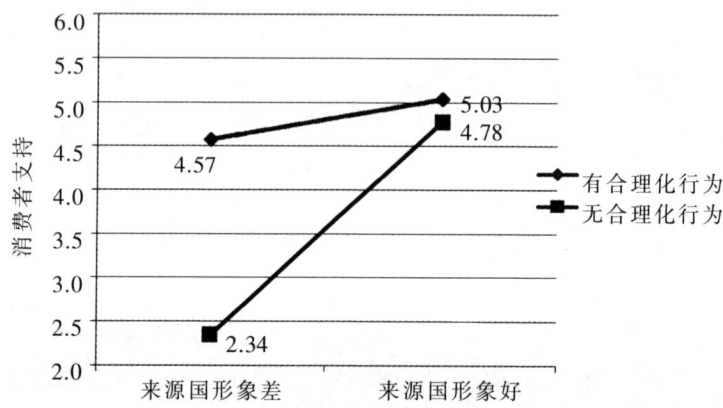

图 5-1 来源国形象和企业合理化行为对消费者支持的交互影响

为了检验来源国形象和企业合理化行为两者交互对消费者支持的影响是基于企业合理性这一中介的，本实验还需要另外展开对调节中介效应的分析。因为在企业无合理化行为的情况下，来源国形象对于企业合理性的影响不会受到太大影响，这种情境下企业合理性的中介效应已经在实验一中得以证明，不需要再次证明。所以本实验只考虑存在企业合理化行为的样本组中展开独立的中介效应分析，见表 5-1。第一步，建立消费者支持对来源国形象和企业合理化行为交互项的回归，结果表明两者交互会显著正面影响消费者支持 ($\beta=0.34, t=4.22, p<0.001$)；第二步，建立企业合理性对来源国形象和企业合理化行为交互的回归，证实两者交互对企业合理性的直接正向影响($\beta=0.29, t=3.76, p<0.01$)；第三步，将消费者支持对企业合理性做回归，证明企业合理性正面影响消费者支持($\beta=0.40, t=5.28, p<0.001$)；第四步，将企业合理性、来源国形象和企业合理化行为的交互项一起作为自变量，消费者支持做因变量进行回归，此时交互项对消费者支持的影响显著性明显降低($\beta=0.12, t=1.58, p<0.05$)，而企业合理性对消费者支持的正面效应仍然显著 ($\beta=0.36, t=4.41, p<0.001$; Sobel $z=$

2.77,$p<0.01$)。如表 5-1 所示的结果支持了 H4,即在差来源国形象的情况下,企业可以通过合理化行为来提高自身小范围合理性,以获得更多消费者支持。

表 5-1　　　　实验二中企业合理性的中介效应分析结果

路径	β 值	t 值	p 值
1. CoI×LA-CS	0.34	4.22	$p<0.001$
2. CoI×LA-L	0.29	3.76	$p<0.01$
3. L-CS	0.40	5.28	$p<0.001$
4. CoI×LA-CS	0.19	2.58	$p<0.05$
L-CS	0.36	4.41	$p<0.001$

备注:CoI=来源国形象,LA=企业合理化行为,CS=消费者支持,L=合理性。为了验证中介效应,采用了均值之间 t 检验来检查 β 系数减少的情况,所有 p 值均<0.05。Sobel 检验也证实了来源国社会形象与企业合理化行为交互项对消费者支持影响系数的显著降低($z=2.77$,$p<0.01$)。

5.3.2.3　总结与讨论

实验二的研究结果表明,在来源国形象差的情况下,企业合理化行为的存在会显著提高被试对于 World 公司的消费者支持。由此可见,在受制于差来源国形象而使得企业大范围合理性低迷的情况下,为了应对大范围合理性产生负面溢出效应,企业是可以通过合理化行为来提高自身小范围合理性的,以获得更多消费者支持。

由于研究目的只需要在实验中考察差来源国形象下企业有、无合理化行为是否会对消费者支持产生差异化的影响,实验二中的来源国形象只是操纵为好、差两种,在处于来源国形象差时是采用的实用形象和社会形象皆差的设置;而企业合理化行为也只是操纵为有、无两种,并没有严格区分绩效行为和制度行为。但是这种研究设计只能证明企业合理化行为能在来源国形象差的情况下帮助企业提升自身小范围合理性以获得更多消费者支持,而无法给出更多的结论。

现实中来源国形象在实用和社会两大维度的分布可能是不对称的,有些来源国形象之所以差是因为实用维度的形象较差,而有些来源国形象之所以差是因为社会形象较差(如目前在国际市场上的中国)。另一方面,企业的资源是有限的,尤其是进行跨国经营而面临外国者劣势的国际化企业。为了使得企业有限资源的效果最大化,企业就必须选择最有效率的方式来应对来源国形象的制约以提高自身在东道国的合理性。

所以,如果进一步思考,当来源国形象处于不对称状态下,即只有来源国实用形象差或只有社会形象差的情况下,企业到底是应该将组织资源均匀地分布在绩效合理化行为和制度合理化行为上,还是应该来源国形象哪个维度差就主要集中资源和精力采用相应的企业合理化行为来正面应对企业自身缺陷,还是应该扬长避短地主要集中资源和精力于来源国形象不差的那个维度而开展合理化行为呢?为了回答这一问题,我们就有必要进一步了解:当来源国形象在实用维度或社会维度的某一具体形象上处于低迷状态时,企业到底采用哪种合理化行为才会获得更高的消费者支持?

因此,实验三就采用更为具体细微的研究设计,将差来源国形象具体区分为实用形象差和社会形象差两种情况,将企业合理化行为具体区分为绩效合理化行为和制度合理化行为,以更为详细地考察在差来源国形象下企业不同合理化行为所产生的不同效果,以验证H5。

5.4 实验三

上文的实验2已经证明H4:在来源国形象差的情况下,企业合理化行为能帮助企业消费者支持。为了进一步细致地考虑企业合理化行为的这种战略作用,本文的H5基于合理化行为的双刃剑效应理论,提出在来源国实用(社会)形象较差时,相比绩效(制度)合理化行为,企业在东道国的制度(绩效)合理化行为所导致的消费者支持要更高。

所以,实验三不再重复实验二的好、差来源国,有、无合理化行为的设计,而是出于验证H5的考虑,主要固定在差来源国形象和有企业合理化行为的框架内,细致考察差来源国形象的类型和企业合理化行为的类型对消费者支持的交互影响。因此,实验三采用2(来源国形象类型:实用形象差 vs. 社会形象差)×2(企业合理化行为类型:绩效行为 vs. 制度行为)的组间实验设计。

5.4.1 预实验

在主实验开展之前,为了开发对于企业合理化行为类型的实验操纵,本研究采用和主实验被试人口特征相似的样本进行了预实验。一共 55 名武汉某高校的大三学生参与了实验($N=55$;年龄为 21~24 岁;54%为女性),以平时成绩分 5 分作为参与实验的报酬。

被试被分为两组,两组均会看到实验一中所虚拟的"World 公司"的介绍。企业合理化行为的实验操纵主要是采用 Handelman and Arnold(1999)对企业绩效行为和制度行为的实验场景设计,用文本描述出两种情景中企业的做法。绩效行为主要围绕企业的产品改进、价格管理和设立便利渠道等维度展开,而制度行为主要围绕企业对文化传统的尊重、对地区福利的促进和对整体国家社会的关注和友好而展开。

因此,实验中绩效合理化行为组的被试看到的企业合理化行为说明为:

"World 公司对其产品的品质十分重视,一直投资于技术的创新和工艺的改善,并致力于产品在中国的本土化。除此之外,World 公司在其价格管理上也有令人称道之处,其中国区总裁宣称其产品价格会一直稍低于其同档位的外国品牌竞争者。据某家调研公司 2012 年所发布的《服装业调查报告》的数据显示,World 公司 2011 年中国在销产品的价格确实一直略低于其同类外国服装公司。为了方便其消费者购买,World 公司往往选择进驻交通便利的百货商场及卖场,并会继续大力推进在各种商圈的建店工作。"

而实验中制度合理化行为组的被试看到的企业合理化行为说明为:

"World 公司充分尊重中国的传统和文化,这点从它的广告内容和产品画册就可见一斑。其广告场景多以家庭背景为主,多为体现家人之间的关爱和牵挂。除此之外,World 公司也积极投身于地区性的慈善和公益,数据显示 World 公司 2011 年给湖北省医疗、教育和其他社会活动的慈善捐款远远超出其同类某外国服装公司。World 公司还积极显示出对中国的友好和关注,坚持雇佣中国本土员工,并在其上海总部办公大楼前设有中国国旗升旗台。"

两个实验情境的文本,在课间休息时被发放给武汉某高校的55名经济与管理学院的大三本科生($N=55$,21~24岁,58%为女性)。所有被试均随机地被安排到3个情境中的任意一个。研究者要求被试阅读文本情境,并基于情境中所描述的合理化行为(绩效行为或制度行为)的描述来回答6个问题(用于检验绩效行为和制度行为是否被成功操纵)。两种合理化行为操纵检验的量表基于 Handelman and Arnold(1999)的绩效行为和制度行为量表改编而来,绩效行为的量表主要围绕企业的产品品质、价格政策和渠道便利3个维度展开,每个维度一个问题,一共3个语项,如"World 公司的作为是在努力使其产品价格要低于一般竞争者"等;而制度行为的量表主要围绕企业对文化传统的尊重、对地区福利的促进和对整体国家社会的关注和友好而展开,也是每个维度一个问题,一共3个语项,如"World 公司的作为是在为支持中国的家庭观念做出积极贡献"等。所有的语项都用从1(非常不同意)到7(非常同意)的7分量表来测量;整个过程持续时间为5分钟左右。结果表明操纵检验量表具有较高的信度,Cronbach's α 系数分别为0.83和0.85。

而基于 ANOVA 分析的结果显示:在绩效行为组,绩效行为3个语项的得分要显著高于制度行为($M_{绩效行为}$=4.95 vs. $M_{制度行为}$=2.29;$t(54)$=4.89,$p<0.05$);同样,在制度行为组,制度行为3个语项的得分要显著高于绩效行为($M_{制度行为}$=4.86 vs. $M_{绩效行为}$=2.94;$t(54)$=5.01,$p<0.05$)。以上结果证明对企业绩效合理化和制度合理化行为的操纵是有效的。

5.4.2 实验设计和程序

为了验证 H5,实验二采用2(差来源国形象类型:实用形象差 vs. 社会形象差)×2(企业合理化行为类型:绩效合理化行为 vs. 制度合理化行为)的组间实验设计,主要考察企业合理化行为和来源国形象的交互效应对该国某企业或产品的消费者支持的影响。武汉五所高校一共125名本科生参与了该实验($N=125$;年龄为21~24岁;55%为女性),以平时成绩分5分作为参与实验的报酬。

来源国形象类型的操纵主要是沿用实验一的研究设计,虚拟了"World 公司"为一家普通服装(非高端)作为实验材料,并对该企业的规模、国际化经验、经营产品类型、产品价格等属性信息做了简单描述。其次,实验中虚拟了 E、F 国 2 种实验情境:E 国为实用形象差的来源国形象,不给关于社会形象的说明;F 国为社会形象差的来源国形象,不给关于实用形象的说明。

企业合理化行为的实验操纵主要是采用 Handelman and Arnold(1999)对企业绩效行为和制度行为的实验场景设计。绩效合理化行为和制度合理化行为两个场景中包含了研究者对 World 公司绩效合理化行为或者制度合理化行为的文本描述。

实验流程如下:首先出现实验指导语,引导被试了解实验者身份、实验的纯粹学术研究目的等信息。然后,呈现实验材料,让被试阅读一些有关 World 企业及产品的相关信息。接着,让被试阅读 World 公司来源国(E 或者 F 国)的相关信息。之后,制度行为组和绩效行为让被试阅读 World 公司合理性行为的资料(绩效行为或者制度行为),并对绩效行为($\alpha=0.84$)和制度行为的量表($\alpha=0.85$)做出回答;紧接着,让被试针对消费者支持的量表做出回答($\alpha=0.67$)。接下来,让被试对企业合理性的量表做出回答($\alpha=0.86$)。在问卷的最后部分,让被试对实验中所呈现的 E 国(或者 F 国)来源国形象量表($\alpha=0.72$)进行评分,以考察来源国形象的类型是否被成功操纵。最后,研究者收集了被试的人口统计特征。

5.4.3 结果与讨论

5.4.3.1 操纵检验

首先,运行了一组 2(差来源国形象类型:实用形象差 vs. 社会形象差)×2(企业合理化行为类型:绩效行为 vs.制度行为)来考察来源国形象的操纵效果和企业合理化行为的操纵效果。如预期一般,阅读材料为 E 国的被试,所报告的来源国实用形象的得分要显著低于阅读材料为 F 国的被试($M_E=2.38, SD=1.49$ vs. $M_F=3.41, SD=1.08$; $F(1,121)= 4.58, p<0.05$);阅读材料为 F 国的被试所报告的来源国社会形象的得分要显著低于阅读材料为 E 国的被试($M_F=2.24, SD=1.64$

vs. M_E=3.53, SD=1.68; $F(1,121)$=4.95, $p<0.05$)。上述研究结果,表明来源国形象的实验操纵是成功的。

在绩效行为组,绩效行为的得分要显著高于制度行为($M_{绩效行为}$=4.93 vs. $M_{制度行为}$=2.26; $t(123)$=4.64, $p<0.05$);同样,在制度行为组,制度行为的得分要显著高于绩效行为($M_{制度行为}$=4.81 vs. $M_{绩效行为}$=2.44; $t(123)$=4.37, $p<0.05$)。以上结果证明对企业绩效合理化和制度合理化行为的操纵是有效的。

5.4.3.2 假设检验

首先,以企业合理性为因变量运行 2(差来源国形象类型:实用形象差 vs. 社会形象差)×2(企业合理化行为类型:绩效行为 vs.制度行为)的 ANOVA 分析,结果表明差来源国形象类型的主效应并不显著($F(1,121)$=2.03, $p>0.05$),企业合理化行为类型的主效应也不显著($F(1,121)$=1.27, $p>0.05$),但差来源国形象类型和企业合理化行为类型的交互作用显著存在($F(1,121)$=5.58, $p<0.05$)。如阅读材料是 E 国(即主要是实用形象差)的情况下,企业制度合理化行为所导致的企业合理性要明显高于绩效合理化行为($M_{制度行为}$=4.82, SD=0.98 vs. $M_{制度行为}$=3.98, SD=1.03; $F(1,121)$=5.87, $p<0.05$);阅读材料是 F 国(即主要是社会形象差)的情况下,企业绩效合理化行为所导致的企业合理性要明显高于制度合理化行为($M_{绩效行为}$=4.45, SD=0.98 vs. $M_{制度行为}$=3.73, SD=1.03; $F(1,121)$=5.39, $p<0.05$)。接下来,以企业合理性作为自变量,消费者支持作为因变量进行回归,结果表明企业合理性正向影响消费者对企业的支持(β=0.40, t=4.48, $p<0.01$)。

再以消费者支持为因变量来运行 2(差来源国形象类型:实用形象差 vs. 社会形象差)×2(企业合理化行为:绩效行为 vs.制度行为),结果表明低来源国形象类型的主效应不显著($F(1,121)$=1.27, $p>0.05$),企业合理化行为的主效应也不显著($F(1,121)$=0.83, $p>0.05$),但差来源国形象和企业合理化行为的交互作用显著存在($F(1,121)$=5.27, $p<0.05$)。如图 5-2 的对比研究结果表明,阅读材料是 E 国(即主要是实用形象差)的情况下,企业制度合理化行为组被试所报告的消费者支持得分要明显高于绩效合理化行为 ($M_{制度行为}$=4.04, SD=1.14 vs. $M_{制度行为}$=3.43, SD=0.93; $F(1,121)$=6.04, $p<0.05$);阅读材料是 F

国(即主要是社会形象差)的情况下,企业绩效合理化行为组被试所报告的消费者支持得分要明显高于制度合理化行为($M_{绩效行为}$=3.92,SD=1.45 vs. $M_{制度行为}$=3.51,SD=1.21;$F(1,121)$=6.58,p<0.05)。

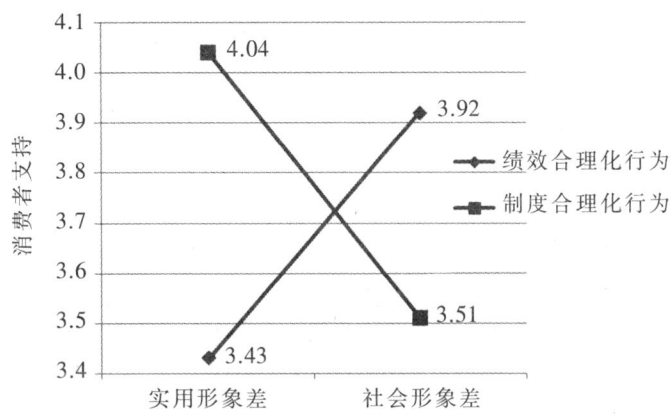

图 5-2 差来源国形象类型和企业合理化行为类型对消费者支持的交互影响

为了检验差来源国形象和企业合理化行为类型两者交互对消费者支持的影响是基于企业合理性这一中介的,本实验还需要另外展开对调节中介效应的分析:第一步,建立消费者支持对差来源国形象类型和企业合理化行为交互项的回归。结果表明两者交互会显著正面影响消费者支持(β=0.34,t=4.22,p<0.001);第二步,建立企业合理性对来源国形象和企业合理化行为交互的回归,证实两者交互对企业合理性的直接正向影响(β=0.29,t=3.76,p<0.01);第三步,将消费者支持对企业合理性做回归,证明企业合理性正面影响消费者支持(β=0.40,t=5.28,p<0.001)。第四步,将企业合理性、来源国形象和企业合理化行为的交互项一起作为自变量,消费者支持作因变量进行回归,此时交互项对消费者支持的影响则变得不再显著(β=0.12,t=1.58,p>0.05),而企业合理性对消费者支持的正面效应仍然显著(β=0.34,t=2.72,p<0.01;Sobel z=3.06,p<0.01)。如表 5-2 所示的结果支持了 H5,即在来源国形象较差的情况下,企业可以通过合理化行为提升其在东道国的小范围合理性从而提高消费者支持,但企业合理化行为的

效果还取决于企业差来源国形象的具体类型。在来源国实用形象较差时，相比绩效合理化行为，企业在东道国的制度合理化行为所导致的消费者支持要更高。在来源国社会形象较差时，相比制度合理化行为，企业在东道国的绩效合理化行为所导致的消费者支持要更高。

表 5-2　　　　实验三中企业合理性的中介效应分析结果

路径	β 值	t 值	p 值
1. CoI×LA-CS	0.39	3.31	$p<0.01$
2. CoI×LA-L	0.37	3.19	$p<0.01$
3. L-CS	0.44	3.78	$p<0.001$
4. CoI×LA-CS	0.26	2.13	$p<0.05$
L-CS	0.34	2.72	$p<0.001$

备注：CoI=来源国形象，LA=企业合理化行为，CS=消费者支持，L=合理性。

为了验证中介效应，采用了均值之间 t 检验来检查 β 系数减少的情况，所有 p 值均 0.05。Sobel 检验也证实了来源国社会形象与企业合理化行为交互项对消费者支持影响系数的显著降低（$z=2.77, p<0.01$）。

5.4.2.3　总结与讨论

实验三的研究结果表明，差来源国形象类型和企业合理化行为类型对企业的消费者支持存在明显的交互效应。具体表现为：在来源国实用形象较差时，相比绩效合理化行为，企业在东道国的制度合理化行为所导致的消费者支持要更高。在来源国社会形象较差时，相比制度合理化行为，企业在东道国的绩效合理化行为所导致的消费者支持要更高。

这一结果说明，在受制于差来源国形象而使得企业大范围合理性低迷的情况下，为了应对大范围合理性产生负面溢出效应，企业是可以通过合理化行为来提高自身小范围合理性，以获得更多消费者支持。但企业合理化行为的效果还取决于与企业差来源国形象的具体类型的匹配。因此，对于受制于差来源国形象的国际化企业而言，它们需要判断其所属国在东道国的特定来源国形象具体差在实用维度还是社会维度，从而决定有限的组织资源和精力主要放在相应的制度行为还是绩效行为上。

第6章 结 论

6.1 研究结论

本文从合理性理论视角,基于外国者劣势和合理性溢出的相关理论,探讨了国际化企业的来源国形象、合理化战略及消费者支持之间的关系。这从一个新的理论视角,对来源国形象的构成、机制和策略做出了新的解读。鉴于来源国形象概念缺乏公论,加之企业合理化行为和来源国形象之间联系的研究又较为匮乏,本文系统采用了混合研究策略的设计安排(Grewell,2003),融合了定性研究和定量研究,力求通过两种研究手段的优势互补获得更好的研究效果。

首先,本文先在研究一中基于扎根理论针对来源国形象的形成机理和影响机制展开了探索性的质性研究,结果发现:消费者会基于实用合理性和社会合理性来从实用和社会两大维度认识来源国形象。来源国的实用形象和社会形象都会正向消费者对隶属于该国某一企业的支持,而这种影响主要是通过企业合理性认知和判断作为中介机制的。然后,在后续的研究二和研究三中,本文基于研究一的发现和来源国形象、外国者劣势下的企业合理化进程、合理性溢出效应的文献基础,一共建立了5个假设。这5个假设通过3个实验的量化研究得到证实,具体见表6-1。

总体而言,整合来源国形象、外国者劣势、合理性溢出效应、企业合理化行为等方面的文献基础,通过定性研究和定量研究相结合的混合研究策略,本文形成如下两大方面的研究结论:

表 6-1　　　　　　　　　　　　研究结果

假　　设	验证情况
H1:来源国形象会正向影响消费者对该国某企业的支持,具体而言: H1a:相对于较差的来源国实用形象,好来源国实用形象会导致消费者对该国某企业以更高的支持 H1b:相对于较差的来源国社会形象,好来源国社会形象会导致消费者对该国某企业以更高的支持	支持
H2: 企业或产品的合理性中介于来源国实用形象和社会形象对该国某企业的消费者支持的影响	支持
H3:来源国社会形象正向调节来源国实用形象对消费者支持的影响	支持
H4:在来源国形象差的情况下,企业可以通过合理化行为来提高自身小范围合理性,以获得更多消费者支持	支持
H5:在来源国实用(社会)形象较差时,相比绩效(制度)合理化行为,企业在东道国的制度(绩效)合理化行为所导致的消费者支持要更高	支持

6.1.1　来源国形象的合理性溢出效应

处于外国者劣势下的外国企业,由于不能有效地嵌入在道国信息网络之中,其自身和东道国环境都缺少正确了解、分析和评价对方的必要信息。此时,东道国的消费者、供应商、政府和总体公众会基于他们感知的以国家性的符号和刻板印象(Kostova,1999:314)和其他非理性标准而非效益等客观标准来更严苛地歧视性对待外国企业(Kostova and Zaheer,1999)。因此,外国企业在东道国面临的外国者劣势主要就来自于国家性的符号和刻板印象(Eden and Miller, 2004)。而这种刻板印象的一个主要来源,就是东道国常年累计的、理所当然的对该企业的来源国的印象(Kostova and Zaheer,1999)。

所以,在企业陷入外国者劣势的情况下,来源国形象作为一种大范围的合理性感知,会泛化为东道国消费者及公众认知企业及其产品这种小范围合理性的重要标准之一,通过这种合理性溢出效应而影响消费者对该国企业及产品的支持。消费者会基于实用合理性和社会合理性来从实用和社会两大维度认识来源国形象,来源国的实用形象和社会形象都会正向影响消费者对隶属于该国某一企业的支持,而这种影响主要是通过企业合理性认知和判断作为中介机制的。

换言之,来源国形象本质上是消费者对某国企业及产品的一种大范围合理性感知和反应,它对消费者购买行为和企业市场绩效的影响机制之一是合理性溢出效应:消费者会基于来源国实用形象和社会形象形成对所有某国企业的大范围感知,从而影响到对该国某特定企业及产品小范围的合理性的判断,进而决定对企业及产品采取何种支持态度和行为(购买、口传或抵制)。所以,如果消费者对某国的来源国形象的大范围认知越好,那么其对属于该国的某特定企业或产品的合理性感知也越高,对该企业或产品的支持也就会越高;反之,则越低。

除此以外,因为东道国消费者所在制度环境中的一系列制度规范都会使其在评价某一企业的合理性时得更多考虑企业或产品绩效之外的问题(Handelman and Arnold,1999),来源国社会形象不仅会通过影响消费者感知的企业合理性而影响到消费者对企业的支持,还会正向调节来源国实用形象对消费者支持的影响。当某来源国的制度、文化、规范、道德等因素受到消费者的认可而具备较好的社会形象时,那么此时随着来源国实用形象的改善,消费者对该国企业及产品的支持的增长幅度也会增加。但是当某来源国的社会形象较差时,来源国实用形象改善对提高消费者支持所起的作用就要低于来源国社会形象好的情境。

6.1.2 企业合理化行为的战略作用

当企业的合理性受制于大范围合理性时,企业可以通过积极主动的合理化行为来应对大范围合理性低迷所产生的溢出效应,以保卫和提升其自身的小范围合理性。因此,当来源国形象存在负面合理性溢出效应时,外国企业可以基于自身能动的合理化行为来提升本企业或产品的小范围合理性,以帮助企业获得消费者支持。

对应于来源国形象的实用维度和社会维度,在来源国形象较差而导致大范围合理性低迷时,企业可以通过绩效行为和制度行为两类合理化行为(Handelman and Arnold,1999)来提高自身小范围的合理性,以获得更高消费者支持。其中绩效行为是旨在遵循东道国任务环境规范的企业行为,它涉及了所有企业为完成具体、可度量的目标而开展的绩效活动;而制度行为旨在顺应东道国制度环境规范的企业行为,它包括使企业的行为、理念与东道国的制度、文化保持一致(Ashforth and Gibbs,1990;Handelman and Arnold,1999)的所有行动,体现了组织对制度环境规范的遵守和支持,有益于东道国国家及社区的总体福利。这两类合理化行为表达了企业对既定涉众所注重实用合理性和社会合理性的遵从和一致,因而可以帮助企业在受制于低来源国形象时获得东道国消费者更多的支持。

但因为存在组织合理化行为的双刃剑效应和消费者的自我促销悖论,当来源国实用形象较差而使得这种大范围的实用合理性处于一种低迷状态时,企业相对应的绩效行为会被视为一种操纵性或虚伪性的努力(Elsbach,Sutton and Principe,1998;Suchman,1995),有可能反而会收到坏的效果;同理,当来源国社会形象较差而使得这种大范围的社会合理性处于一种低迷状态时,企业相对应的制度行为也可能会有适得其反的风险。所以,外国企业在东道国所采取的合理化行为只有当与其所属来源国形象的具体情况形成一定的"扬长避短"性的互补搭配时,才能帮助企业获得更高的合理性从而获得较好的市场绩效。具体而言为:在来源国实用形象较差时,相比绩效合理化行为,外国企业在东道国的制度合理化行为所导致的消费者支持要更高。在来源国社会形象较差时,相比制度合理化行为,企业在东道国的绩效合理化行为所导致的消费者支持要更高。

6.2 研究贡献

6.2.1 理论创新

本文将合理性理论视角的理论概念和分析模式引入到企业来源国形象研究中,从外国者劣势视角考察了企业来源国形象、合理化营销行为与消费者支持之间的关系,从而从一个新的理论视角揭示了来源国形象的构成、机制和企业策略。这既拓展和丰富了现有关于来源国形象和来源国效应的研究,又丰富了现有合理性理论在营销领域里的应用,还基于企业的来源国形象发展出处于"外国者劣势"下的国际化企业的合理化营销行为,从企业操作战略层面对现有制度理论做出了一定的拓展。

具体而言,本文的理论创新主要包含以下三方面:

(1)引入合理性理论,对来源国形象进行了新的解读,揭示了来源国形象为一种大范围合理性认知

如今,来源国形象及效应在国际营销以及消费者行为研究领域里仍然受到广泛的重视(Martin et al.,2011),有不少学者已经意识到来源国形象不仅仅由代表性的产品构成,该国家的经济政治成熟度、历史事件和国家关系、文化、传统、技术工艺和产业化水平同样会构成消费者对来源国的认识(Allred,Chakraborty and Miller,1999;Desborde,1990)。但即使这些学者从各种角度研究了来源国的构成要素,但目前为止来源国形象的维度仍未形成一个系统的成熟的理论系统(Roth and Diamantopoulos,2010)。这种基础概念的界定模糊,导致了来源国研究较少有操作性的营销启示(Samiee,2010),无法给企业从哪些方面来改进和提升来源国形象以良好的指导。

本文引入合理性理论,从一个更完整且更具可操作性的视角来探讨了来源国形象的构成维度及其形成机制。合理性理论能为分析消费者行为和营销现象提供一个很好的解释逻辑,很有必要拓宽其在营销领域的研究应用 (Dowling and Pfeffer,1975;Kates,2004)——本文将合理性理论应用于来源国形象研究也再次印证了这一点。

本文研究结果发现,来源国形象本质上是消费者对某国企业及产品的一种大范围合理性感知和反应,消费者会基于来源国实用形象和社会形象形成对所有某国企业的大范围感知,其中:①来源国的实用形象包括产品品质、价格优势、经济水平和企业实力四个方面的因素,消费者会根据这四个方面来判断来自这个国家的企业及其提供的产品是否能够满足其基本的实用性需求。如果该国企业及产品能够满足消费者的基本利益需求,消费者会认为该国企业或产品具有较好的实用形象。②来源国的社会形象包括商业伦理、综合国力、体系制度和文化规范四大方面的认识。当一个国家的政治体系、社会文化、科技环境和自然生态等因素的认知与消费者所在国家的制度

和文化一致时,消费者会认为该国具有较好的社会形象。

(2)运用合理性溢出效应理论,阐释了来源国形象的影响机制,丰富了现有来源国效应的研究

已有研究显示,来源国形象会正向影响产品质量,从而与购买意愿之间存在显著的正相关关系 (Chao and Rajendran, 1993; Jaffe and Nebenzahl, 2001; Peterson and Jolibert, 1995)。但这种关系的解释机制主要是将来源国形象当作一个产品外在属性线索,与其他属性一起影响产品判断 (Peterson and Jolibert, 1995; Knight and Calantone, 2000; Samiee, 2010),既没有解释来源国形象这种判断的本质和机制,同时又缺乏对现有部分现象(如中国企业在国际市场的来源国形象低迷,但产品却仍然畅销)的解释力(Samiee, 2010)。

本文基于合理性溢出效应理论视角,证明了来源国形象本质上是消费者对该国所有企业及产品的一种大范围合理性的认知和判断,它通过合理性溢出效应而影响消费者对该国特定企业及产品的支持:消费者会分别基于来源国实用形象和社会形象形成对该国企业及产品小范围合理性的判断,进而决定对企业及产品采取何种支持态度和行为(购买、口传或抵制)。

本文所提出来源国形象的实用和社会两大层面对其所属企业产生合理性溢出效应,也为中国企业国际化进程中的现象提供了较好的理论解释。即使中国产品的部分负面社会形象制约了外国消费者对中国企业及产品社会合理性的正面感知,中国企业日渐提升的正面实用形象让消费者形成了中国企业及产品的实用合理性的判断,使得中国产品广为接受。但囿于对中国社会形象所持的负面刻板印象,中国产品在社会合理性上的感知较差,因此无法获得消费者真心支持。

因此,本文对合理性理论的引入,进一步扩宽了来源国形象研究领域的理论基础,证实来源国形象影响东道国消费者购买行为这个过程中,除却产品评价、感知价值和感知质量等产品维度之外的中介机制——合理性溢出效应。

(3)基于外国者劣势立场,实证了企业合理化行为在应对来源国形象制约而提升市场绩效过程中的能动作用,拓展了合理性理论在

6.2 研究贡献

营销领域的研究

制度理论的核心——合理性理论已经被应用到理解公司营销战略及行为(Handelman and Arnold,1999;Sheng et al.,2011)、顾客信任(Grayso et al.,2008)、渠道管理(Su et al.,2012)、消费者行为(Wilkes and Laverie,2007)、品牌战略(Kates,2004)和行业演化(Humphreys,2011)等问题。这些成果体现了合理性理论对很多营销现象和问题的理论解释力,因此将合理性概念进一步运用到其他的消费者研究中是非常重要的(Kates,2004)。

但现有合理性理论在营销领域应用研究的重点只是在于凸显合理性对于企业营销战略决策和市场绩效的重要性,缺乏从企业国际化营销视角来考察国际化企业合理化战略或行为对企业跨国绩效的影响机制(Handelman and Arnold,1999)。已有制度理论的相关研究虽然分别从企业的能动性(从被动到主动,如 Oliver,1991)、企业的内部和外部(如 Rao et al.,2008)等视角提出了企业应对环境压力的合理化战略,但这些战略存在有限的作用边界,即它们的有效作用主要是针对"新进入者劣势"(Suddaby and Greenwood,2005)而言的。基于外国者劣势视角来考察国际化企业如何发展合理化营销行为以应对来源国形象影响的研究仍显得十分薄弱。虽然有零星关于企业国际化的研究提出企业可以通过产权调整(Gaur and Lu,2007)、企业社会责任行为(Palazzo and Scherer,2006)、战略联盟(Rao et al.,2008)等战略行为来提高在东道国的市场绩效,但是这些合理化努力是否提高了其在东道国的合理性从而帮助企业获得更好绩效却并未得到实证研究的检验。

本文主要基于外国者劣势视角,通过实证研究考察了企业来源国形象、合理化营销行为与消费者支持之间的关系,研究结果表明:在来源国形象较差而导致大范围合理性低迷时,企业可以通过绩效行为和制度行为两类合理化行为(Handelman and Arnold,1999)来提高自身小范围的合理性,以获得更高消费者支持。但企业合理化行为的效果还取决于与企业差来源国形象的具体类型的匹配。具体表现为:在来源国实用形象较差时,相比绩效合理化行为,企业在东道国的制度合理化行为所导致的消费者支持要更高。在来源国社会形象较差时,相比制度合理化行为,企业在东道国的绩效合理化行为所导致的消费者支持要更高。

因此,不同于以往立足于"新进入者劣势"的研究,本文揭示了企业在面临"外国者劣势"时,如何在国际化市场上根据相应的企业来源国形象而发展相应的合理化战略影响东道国消费者支持——这既从企业国际化角度证明了合理化战略在企业经营中的重要性和市场绩效,又从企业的国际化营销战略行为层面拓展和丰富了现有合理性理论在营销领域里的应用。因此,从这两方面来讲,本文所得研究结论对于制度理论而言都是较大的丰富和补充。

6.2.2 管理启示

本文揭示了来源国形象本质上是消费者对某国企业及产品的一种大范围合理性的感知和反应,它会通过合理性溢出效应而制约该国具体的某企业或某产品的合理性,从而成为消费者决定是否对该企业或该产品采取正面支持行为的关键标准之一。当来源国形象存在负面合理性溢出效应时,外国企业可以基于自身能动的合理化行为来提升本企业或产品的小范围合理性,以帮助企业获得东道国消费者支持。

这些研究结论为跨国经营的企业提供了以下参考洞见:

(1)企业国际化经营过程中应关注来源国形象的影响,并与政府、行业等一起致力于积极来源国形象的塑造和提升

企业国际化经营绩效受到来源国形象的合理性溢出效应的影响,因此高来源国形象的企业可以从正面的大范围合理性的溢出效益而获益,而低来源国形象的国家的政府、行业和企业需协力改善来源国形象,努力提升这种大范围的合理性。政府、行业和企业都必须努力提升本国来源国形象,才能保证该国企业及产品受到国际消费者的普遍接受和喜爱。

鉴于消费者会基于实用合理性和社会合理性从实用和社会两大维度认识来源国形象,所以提升来源国形象可以从这两大方面来进行:一方面,企业需要通过科技创新、成本控制、品牌沟通、管理革新等绩效行为,努力提高产品品质、品牌形象和企业实力。这是提高本

企业实用合理性的基本途径,也是提升本国来源国实用形象的必经之路。另一方面,企业需加强对企业、行业标准的制定及提升,使企业的经营规范、制度与目标国家的规范保持一致;行业协会及政府也需要在对外宣传的过程中,在国内科技、企业创新力等绩效性因素外,加入并加强对中国文化、制度、规范等制度性因素的正面宣传。这是提升产品、企业和国家的社会形象的必要努力,也是产品获得国际消费者支持的关键所在。提升我国来源国形象的关键在于树立我国良好的社会形象,以帮助众多中国企业和产品获得大范围内的社会合理性。社会形象的建立与推广不能缺少国家营销,中国需要学习美国、德国等国家营销方式,利用各种经济的、文化的方式,以科技、创意的产品为载体来传播自己的国家形象(汪涛和邓劲,2010)。

(2) 来源国形象差的企业可以通过自身能动的合理化行为以提高跨国经营的市场绩效

从企业的营销实践上来看,目前我国企业对于如何进行国际化营销的考虑,主要还是从技术创新、掌握知识产权、产品研发和提高产品质量等制造层面出发,虽然也有一些企业提到一些具体的营销策略,如"市场细分"、"宣传"、"市场研究"、"品牌文化"、"服务"等,但总体而言中国企业对于发展国际化营销战略的能力和经验仍稍显不足,缺乏对企业国际化营销的系统化、长期性的思考和规划。

基于质性研究和量化研究的结论,本文认为,中国企业在来源国形象较差而导致大范围合理性低迷时,可以通过绩效行为和制度行为两类合理化行为来提高自身小范围的合理性,以获得更高消费者支持。

绩效行为是旨在遵循东道国任务环境规范的企业行为,它涉及了所有企业为完成具体、可度量的目标而开展的绩效活动,比如对于零售企业而言,主要体现在致力于提高企业效率,以为顾客提供更高的价值和为股东带来更高的收益(Handelman and Arnold,1999)。比如,为东道国消费者提供合理性价比、并适合他们需求的产品,模仿本土企业的架构而改善组织结构和流程等。如中兴和华为等企业,均重视合作生产、技术标准化和产品创新活动,通过遵循东道国市场标准、与东道国企业同构、积极改善绩效等方式以提升国际市场上产品的实用性感知。

制度行为旨在顺应东道国制度环境规范的企业行为，它包括使企业的行为、理念与东道国的制度、文化保持一致（Ashforth and Gibbs,1990;Handelman and Arnold,1999）的所有行动,体现了组织对制度环境规范的遵守和支持,有益于东道国国家及社区的总体福利。制度行为包括支持和拥护东道国环境中的主流价值观和主流文化、关注和促进社区的福利、积极投身于慈善和公益等。比如海尔等企业注重在"融资、融智、融文化"的导向下,在美国、欧洲和印度等市场进行当地设计、生产和营销,并积极投身于政府资助和社区赞助。

这两类合理化行为，表达了企业对既定涉众所注重实用合理性和社会合理性的遵从和一致，因而可以帮助企业在受制于差来源国形象时，获得东道国消费者更多的支持。但因为存在组织合理化行为的双刃剑效应和消费者的自我促销悖论，企业合理化行为的效果还取决于与企业差来源国形象的具体类型的匹配。外国企业在东道国所采取的合理化行为只有当与其所属来源国形象的具体情况形成一定的"扬长避短"性的互补搭配时,才能帮助企业获得更高的合理性从而获得较好的市场绩效。

因此,对于受制于较差来源国形象的国际化企业而言,需要判断其所属国在东道国的特定来源国形象具体差在实用维度还是社会维度，从而决定有限的组织资源和精力主要放在相应的制度行为还是绩效行为上。

6.3 研究局限

本研究的不足主要有以下四个方面：

首先,鉴于目前中国产品对外出口国家众多,碍于研究精力和研究能力所限,为了简化研究,本文研究一中的扎根理论研究只根据国家商务部发布的《中国对外贸易形势报告(2011年春季)》,选择2010年中国主要的发达国贸易伙伴中贸易金额最高的美国和发展中国家贸易伙伴中金额第二高的印度作为样本国来收集消费者对中国来源国形象感知的数据进行分析。但由于国家之间制度距离和国际关系

6.3 研究局限

的差别,美、印两国消费者的看法也许不能代表所有其他国家的消费者,得出的中国来源国形象的信息也许不完全完整。

其次,本文研究二和研究三的实验中对来源国形象采取虚拟国家名称的操纵方式,虽然简化了研究并较好地控制了其他可能会影响来源国合理性溢出效应的其他因素,但正因为其控制作用,可能忽略了某些特殊情境下这些控制因素的重要作用。比如,在民族中心主义非常严重或者对于企业来源国敌视较为严重的东道国,也许无论企业来源国形象多高、企业合理化行为如何卓越,外国企业可能都很难真正提高本土经营的合理性(Eden and Miller,2004)。本文的研究结论并不适用于这些极端情况。

再次,在本文研究二和研究三的实验中,我们选取的产品类型十分有限,只选取了普通服装。之所以选择普通服装企业作为实验材料,一方面是因为消费者在评价普通服装这类搜索型产品时,会综合外观、价格、来源国等多维度的信息考虑而形成购买决策(Nelson,1970),避免因选择红酒等来源国效应较明显的典型性产品所造成的偏差;另一方面是因为一般消费者在确认产品质量特征的能力和知识上是没有显著差异的(Nelson,1970),可以较好在实验中控制住消费者知识在来源国形象发挥作用过程中的影响。虽然这种操作比较好地排除了产品典型性、消费者支持等因素的影响,但也在一定程度上限制了本文研究结论的适用性。

最后,本文研究三的两个实验中并没有将实验一中所发现的来源国实用形象和社会形象两大维度的交互作用考虑其中。之所以这样做,有两个原因:一是因为研究二和研究三的主要研究目的存在较大差异。研究二的研究目的是细致考察来源国形象的合理性溢出效应,所以需要将来源国实用形象和社会形象两大维度之间的关系厘清并做仔细分析。而研究三的研究目的主要是考察在低来源国形象情境下企业如何通过合理化行为来提升自身小范围合理性,框定低来源国形象的具体研究情境,可以帮助研究者获得更为直观和清晰的研究结论。二是碍于研究经费和研究精力所限而简化研究的考虑。

6.4 未来的研究方向

首先,本文是将合理性理论引入到来源国研究,来探索来源国形象的构成、机制和企业应对策略的首次尝试。本文研究结果表明:消费者会基于实用合理性和社会合理性的考虑来解读来源国形象,其中来源国实用形象包括产品品质、价格优势、经济水平和企业实力四个方面的因素;来源国的社会形象包括商业伦理、综合国力、体系制度和文化规范四大方面的认识。在后续的实验操纵情境中,本文也采用了与已有来源国研究中选择了适配的量表来作为来源国实用、社会形象的实验操纵检验手段。但因为研究目的所限,本文并未涉及从实用形象和社会形象两大维度来发展来源国形象的测量量表,未来研究可以致力于此。

其次,合理性理论已经被广泛应用到营销领域用于解释营销战略行为、消费者行为、品牌行为等多个范畴,这些研究结果表明:只有具备一定合理性,企业才能获得销售业绩 (Lu and Xu,2006;Rao et al.,2008;Sheng et al.,2011)、消费者支持 (Handelman and Arnold, 1999;Wilkes and Laverie,2007;McFarland et al.,2008)、品牌资产 (Kates,2004;郭锐等,2010)、股东投资(Aldrich and Fiol,1994;Li et al.,2007)、渠道支持(Su et al.,2012)和公众支持(Kuilman and Li, 2009;Humphreys,2011)等市场绩效。因为本文所探讨的研究情境是合理性在来源国形象对消费者影响过程中的作用,所以只选择了消费者支持这一企业绩效指标作为因变量。但是,有研究证明,来源国形象不仅会影响到东道国消费者对企业的支持这一市场绩效,还会影响到企业在东道国进行首次公开募股的合理性 (Bell,Moore and Al-Shammari,2008)、招聘行为的合理性(Mick and Burroughs,2010)等其他行为绩效。由此可见,来源国形象的合理性溢出效应不仅存在于消费者支持,还可能会存在于其他企业的营销绩效指标范畴。因此,未来的研究方向之一可以考虑来源国形象对企业其他营销行为绩效的影响,比如渠道网络的组建、营销战略联盟行为等。

最后,中国企业的国际化进程步履维艰,最主要障碍除了受制于较差来源国形象的负面合理性溢出效应之外,就是中国企业面临的海外市场商业文化及运营环境与中国存在巨大差异(梁国勇,2011),中国企业很难适应国外市场的环境特征和制度系统,同时,也不具备依据东道国环境而作出正确营销反应的跨国经营能力和经验。相比之下,曾经与中国大陆一样陷入来源国负面效应的日本、台湾地区、韩国企业却在国际化之路上越走越远,其成功因素之一就是它们会根据不同国家的制度原则来运营(Orru,1991)。因此,如果想要在国际市场上获得较好的绩效和发展,中国企业不仅需要配合国家和行业而做出一系列提升本国来源国形象的努力,并发展出相应的合理化行为来防御和提升自身的小范围合理性,还需要考虑发展一套较为成熟、系统、可续的跨国经营合理化战略体系来指导企业。这套战略体系中不仅需要考虑到来源国形象,还需要考虑到东道国环境特征、企业自身特征等多维度的影响企业合理性的因素,帮助企业因地制宜地制定适宜的营销战略决策,使企业的行为既满足东道国消费者的基本利益需求,同时又能和东道国环境的政策、法规、文化保持一致,从而获得供应商、政府机构等一系列利益相关者的支持。这不仅是众多国际化企业尤其是中国企业面临的重大问题,也是未来关于来源国形象的研究者、制度理论中企业合理化战略的研究者、企业国际化营销的研究者都需要考虑的问题。

参 考 文 献

[1] Ahlstrom, D. and Bruton, G. D.(2001),"Learning from Successful Local Private Firms in China: Establishing Legitimacy",Academy of Management Executive, 15(4), pp.72-83.

[2] Aldrich H. E. and Fiol C. M. (1994), "Fools Rush In? The Institutional Context of Industry Creation," Academy of Management Review,19, pp.645-670.

[3] Aldrich, H. E. (1999), "Organizations Evolving", Sage Publications, London.

[4] Allred A, Chakraborty G, Miller S J. (1999), "Measuring images of developing countries: a scale development study", European Journal of Marketing, Vol.8, No.3, pp.29-49.

[5] Arthur, D. (2006), "Authenticity and consumption in the Australian Hip Hop culture". Qualitative Market Research: An International Journal, 9(2), pp.140-156.

[6] Ashforth B. E. and Gibbs B. W. (1990), "The Double-Edge of Organizational Legitimation", Organization Science, 1, pp. 177-194.

[7] Balabanis G., A.Diamantopoulos, R.Mueller & T. Melewar. (2001), "The impact of nationalism, patriotism and internationalism on consumer ethnocentric tendencies". Journal of International Business Studies, 32, pp.157-176.

[8] Baldauf A., Karen S. Cravens, Adamantios Diamantopoulos, and Katharina Petra Zeugner-Roth. (2009), "The Impact of Product-Country Image and Marketing Efforts on Retailer-Perceived Brand

Equity: An Empirical Analysis", Journal of Retailing, Vol. 85, No.4, pp.437-452.

[9] Baum, J. A. C., and Oliver, C. (1991). "Institutional linkages and organizational mortality", Administrative Science Quarterly, 36, pp.187-218.

[10] Bell R. Greg, Curt B. Moore and Hussam A. Al-Shammari. (2008). "Country of Origin and Foreign IPO Legitimacy: Understanding the Role of Geographic Scope and Insider Ownership", Enterpreneurship Theory and Practise, Volume 32, Issue 1, pp.185-202.

[11] Bendapudi N, Singh.N.S, and Bendapudi V. (1999), "Enhancing Helping Behavior: an Integrative Framework for Promotion Planning", Journal of Marketing, Vol.60, No.3, pp. 33-49.

[12] Bent Flyvbjerg. (2006), "Five Misunderstandings about Case Study Research", Qualitative Inquiry, 12 (2), pp.219-245.

[13] Berentzen, J. B., C. Backhaus.(2008), "Does Made in '…' Also Apply to Services? An Empirical Assessment of the Country-of-Origin Effect in Service Settings". Journal of Relationship Marketing, 7(4), pp. 391-405.

[14] Berger Peter L. and Thomas Luckmann. (1966), The Social Construction of Reality, New York: Anchor.

[15] Bilkey Warren J. and Erik Nes. (1982), "Country-of-Origin Effects on Product Evaluations", Journal of International Business Studies, Vol.13, No.1, pp.89-99.

[16] Bloodgood, J.M., Sapienza, H.J., Almeida, J.G. (1996), "The internationalization of new high-potential US ventures: antecedents and outcomes", Entrepreneurship Theory and Practice, No.Summer, pp.61-76.

[17] Bresser, R. and Milloning, K.(2003), "Institutional Capital: Competitive Advantage in Light of the New Institutionalism in

Organization Theory", Schmalenbach Business Review, 55, pp. 220-241.

[18] Buckley P., Casson M. (1998), "Analyzing foreign market entry strategies: Extending the internalization approach". Journal of International Business Studies, 29, pp.539-561.

[19] Campbell A.J.and Verbeke A. (1994), "The globalization of service multinationals", Long Range Planning, 27(2), pp.95-102.

[20] Calhoun, M.A. (2002), "Unpacking liability of foreignness: identifying culturally driven external and internal sources of liability for the foreign subsidiary", Journal of International Management, 8, pp.301-321.

[21] Caudle, Fairfield M. (1994), "National Boundaries in Magazine Advertising: Perspectives on Verbal a Nonverbal Communication", in Global and Multinational Advertising, Basil D. Englis. ed. Hillsdale, NJ: Lawrence Erlbaum Associates, pp.117-140.

[22] Chao P., Rajendran K.N. (1993), "Consumer Profiles and Perceptions: Country-of-Origin Effects", Internatianal Marketing Review, Vol.10, No.2, pp.22-39.

[23] Chao P. (1998), "Impact of Country-of-Origin Dimensions on Product Quality and Design Quality Perceptions", Journal of Business Research, Vol.42, No.1, pp. 1-6.

[24] Creswell J. W. (2002), Research Design: Qualitative, Quantitative, and Mixed Methods Approaches. SAGE Publications, July.

[25] David Blanchard. (2007), "A look at the current state of manufacturing operations in China", Industry Week, 1, pp.3-5.

[26] Deephouse, D. L. and Carter, S.M. (2005), "An Examination of Differences Between Organizational Legitimacy and Organizational Reputation". Journal of Management Studies, 42 (2), pp.329-341.

[27] Deeds, D.L., Mang, P., and Frandsen, M. (2004). "The influence of firms' and industries' legitimacy on the flow of capital

into high-technology ventures". Strategic Organization, 2(1), pp. 9-34.

[28] Desai Vinit M.(2011), "Mass Media and Massive Failures: Determining Organizational Efforts to Defend Field Legitimacy Following Crises", Academy of Management Journal, 54 (2), pp. 263-278.

[29] Desborde RD. (1999), "Development and Testing of a Psychometric Scale to Measure Country-of Origin Image". Ann Arbor, Michigan: Florida State University, University Microfilms International (U M I).

[30] DiMaggio, Paul J. and Walter W Powell. (1983), "The Iron Cage Revisited: Institutionalized Isomorphism and Collective Rationality in Organizational Field", American Sociological Review, 48 (April), pp.147-160.

[31] Dimitratos, P. and Marian V. Jones.(2005), "Future directions for international entrepreneurship research", International Business Review , 14(2), April: pp.119-128.

[32] Dobrev S. D., Ozdemir SZ., Albert C. Teo. (2006), "The Ecological Interdependence of Emergent and Established Organizational Populations: Legitimacy Transfer, Violation by Comparison, and Unstable Identities", Organization Science, 17(5), pp. 577-597.

[33] Dowling J. and Pfeffer J. (1975), "Organizational Legitimacy: Social values and Organizational Behavior", Pacific Sociological Review, 18, pp.122-136.

[34] Driedonks, C., Gregor, S., Wassenaar, A. and Van Heck, E. (2005), "Economic and Social Analysis of the Adoption of B2B Electronic Marketplaces: A Case Study in the Australian Beef Industry", International Journal of Electronic Commerce, 9 (3), pp.149-172.

[35] Duncan T., Jyotika Ramaprasad. (1995), "Standardized Multi-

national Advertising: The Influencing Factors", Journal of Advertising, 24 (Fall), 55-68.

[36] Einhorn B., Webb, A. and Engardio, P. (2000), "China's Tangled Web", Business Week, 17(July), pp.56-58.

[37] Eden L., Miller S.R. (2004), "Distance Matters: Liablity of Foreignness, institutional distance and ownership strategy", Advances in International Management, 16, pp.187-221.

[38] Eden L., Molot M.A. (2002). "Insiders, Outsiders and Host Country Bargains". Journal of International Management, 8, pp. 359-388.

[39] Etemad, H. (2008), "An Overview of the Relationship between the Newly Emerging Field of International Entrepreneurship and the Older Fields of Entrepreneurship and International Business", International Journal of Business and Globalisation, 2 (2), pp.103-123.

[40] Ettenson R., Klein J.G. (2005), "The fallout from French nuclear testing in the South Pacific: A longitudinal study of consumer boycotts", International Marketing Review, 22 (2), pp. 199-224.

[41] Fehr Beverley. (1988), "Prototype Analysis of the Concepts of Love and Commitment", Journal of Personality and Social Psychology, 55 (4), pp.557-579.

[42] Gamson. William A. (1992), Talking Politics, New York: Cambridge University Press.

[43] Gaur Ajai S. and Lu Jane W. (2007), "Ownership Strategies and Survival of Foreign Subsidiaries: Impacts of Institutional Distance and Experience", Journal of Management, 33 (1), pp.84-110.

[44] Gibbs, J., Kraemer, K. L. and Dedrick, J. (2003), "Environment and Policy Factors Shaping Global E-Commerce Diffusion: A Cross-Country Comparison", Information Society, 19 (1), pp. 5-18.

[45] Gillespie, K., Krishna, K., and Jarvis, S.(2002), "Protecting global brands: Toward a global norm", Journal of International Marketing, 10(2), pp.99-112.

[46] Godes, D. and D. Mayzlin. (2004), "Using Online Conversations to Measure Word of Mouth Communication", Marketing Science, Vol.23, No.4, pp.545-560.

[47] Grayson Kent, Devon Johnson, and Der-Fa Robert Chen. (2008). "Is Firm Trust Essential in a Trusted Environment? How Trust in the Business Context Influences Customers". Journal of Marketing Research, 45(2), pp.241-256.

[48] Grewal Rajdeep and Dharwadkar R. (2002), "The Role of the Institutional Environment in Marketing Channels", Journal of Marketing, 66(3), pp.82-97.

[49] Han C M. (1989), "Country Images: Halo oh Summary Construct?" Journal of Marketing Research, Vol.26, No.2, pp.235-256.

[50] Handelman. Jay M. and Stephen Arnold (1999), "The Role of Marketing Actions with a Social Dimension: Appeals to the Institutional Environment", Journal of Marketing, 63 (July), pp.33-48.

[51] Hannan, M. T., and Freeman, J. (1987), "The ecology of organizational founding: American labor unions, 1836-1985". American Journal of Sociology, 92, pp.910-943.

[52] Hannan, M. T., Carroll, G. R., Dundon, E. A., and Torres, J. C.(1995). "Organizational evolution in a multinational context: Entries of automobile manufacturers in Belgium, Britain, France, Germany, and Italy—Comment/reply", American Sociological Review, 60, pp.509-528.

[53] Henisz, W., O. Williamson. (1999). "Comparative economic organization—within and between countries". Business & Politics, 1(3), pp.261-276.

[54] Hennart, J.F., T. Roehl, Zeng, M. (2002), "Do exits proxy a liability of foreignness? The case of Japanese exits from the US". Journal of International Management, 8(3), pp.241-264.

[55] Heslop L.A., Papadopoulos N. (1993), "But Who Knows Where or When? Reflections on the Images of Countries and Their Products". In: Papadopoulos N, Heslop LA, editors. "Product country images: impact and role in international marketing". New York: International Business Press, pp. 39-75.

[56] Heslop L.A., Papadopoulos N, Bourk M. (1998), "An Interregional and Intercultural Perspective on Subcultural Differences in Product Evaluations", Canadian Journal of Administrative Sciences, 15(2), pp. 113-127.

[57] Higgins, Monica C. and Ranjay Gulati. (2006), "Stacking the Deck: The Effect of Upper Echelon Affiliations for Entrepreneurial Firms", Strategic Management Journal, 25 (1), pp. 1-25.

[58] Hsieh, Ming-Huei, Shan-Ling Pan, and Rudy Setiono. (2004), "Product-, Corporate-, and Country-Image Dimensions and Purchase Behavior: A Multicountry Analysis", Academy of Marketing Science. Journal, Vol.32, No.3, pp.251-270.

[59] Holt, Douglas B. (2002), "Why Do Brands Cause Trouble? A Dialectical Theory of Consumer Culture and Branding", Journal of Consumer Research, 29 (June), 70-90.

[60] Hong S T, Toner J F. (1989), "Are There Gender Differences in the Use of Country-of-Origin Information in the Evaluation of Products?", Advances in Consumer Research, Vol.16, pp.468-476.

[61] Hong S T, Yi Y. (1992), "A Cross-national Comparison of Country-of-Origin Effects on Product Evaluations", Journal of international consumer marketing, Vol.4, No.4, pp.49-71.

[62] Humphreys A. (2010), "Megamarketing:The Creation of Markets

as a Social Process", Journal of Marketing, 74, pp.1-19.

[63] Hybels Ralph C. (1995), "On legitimacy, legitimation, and organizations: A critical review and integrative theoretical model", Academy of Management Journal, Special Is, Issue: Best Papers Proceedings, pp.241-245.

[64] Jaffe, E.D. and Nebenzahl, I.D. (1984), "Alternative Questionnaire Formats for Country Image Studies", Journal of Marketing Research, Vol.21, No.4, pp.463-471.

[65] Jaffe, E.D. and Nebenzahl, I.D. (2001), "National Image and Competitive Advantage: The Theory and Practice of Country-of-Origin Effect", Copenhagen Business School Press: Copenhagen.

[66] Johanson J K, Douglas S P, Nonaka I. (1985), "Assessing the Impact of Country of Origin on Product Evaluations: A New Methodological Perspective", Journal of Marketing Research, Vol.22, pp.388-396.

[67] Johanson Jan and Jan-Erik Vahlne (2009), "The Uppsala internationalization process model revisited: From liability of foreignness to liability of outsidership", Journal of International Business Studies, 40, pp.1411-1431.

[68] Jonsson S., Greve H. R., Fujiwara-Greve T. (2009), "Undeserved loss: The spread of legitimacy loss to innocent organizations in response to reported corporate deviance". Administrative Science Quarterly, 54, pp.195-228.

[69] Kates S.M. 2004, "The Dynamics of Brand Legitimacy: An Interpretive Study in the Gay Men's Community", Journal of Consumer Research, Vol.31, No.2, pp.455-465.

[70] Kalathil, S. (2003), "China's New Media Sector: Keeping the State In", Pacific Review, 16(4), pp.489-501.

[71] Kaynak E., Ali Kara, Orsay Kucukemiroglu, and Desalegn Abraha. (2005), "An Empirical Examination of the Characteristics and Behavioral Tendencies of Swedish Consumers in Patron-

izing Different Retail Stores", Journal of Euromarketing, Vol.14, No.4, pp.35-51.

[72] Keller, K.L. (2003), Strategic Brand Management, Building, Measuring, and Managing Brand Equity, 2nd Ed. New Jersey, Prentice Hall.

[73] Kirca Ahmet H., William O. Bearden and G. Tomas M. Hult. (2011), "Forms of market orientation and firm performance: A complementary approach", AMS Review, 1(3-4), pp.145-153.

[74] Klein Naomi (1999). No Logo, New York: Picador.

[75] Knight GA, Calantone RJ. (2000), "A Flexible Model of Consumer Country-of-Origin Perceptions", International Marketing Review, Vol.17, No.2, pp.127-145.

[76] Kostova T. and Roth K. (2002), "Adoption of an Organizational Practice by Subsidiaries of Multinational Corporations: Institutional and Relational Effects", Academy of Management Journal, 45(1), pp.215-233.

[77] Kostova T. and Zaheer S. (1999), "Organizational Legitimacy under Conditions of Complexity: The Case of the Multinational Enterprise", Academy of Management Review, 24(1), pp.64-81.

[78] Kozinets. Robert.(2001), "Utopian Enterprise: Articulating the Meanings of Star Trek's Culture of Consumption", Journal of Consumer Research. 28 (June), pp.67-88.

[79] Kumar, S., and Dan Liu (2005), "Impact of globalisation on entrepreneurial enterprises in the world markets", International Journal of Management and Enterprise Development, 2(1), pp. 46-64.

[80] Kuilman J.E. and Li J. (2009), "Grades of membership and legitimacy spillovers: Foreign banks in Shanghai, 1847-1935", Academy of Management Journal, 52(2), pp.229-245.

[81] Kwong, J. (1994), "Ideological Crisis among China's Youths: Values and Official Ideology", London School of Economics, 45

(2), pp.247-264.

[82] Larson, A. and Starr, J.A. (1993). "A Network Model of Organization Formation". Entrepreneurship: Theory and Practice, 17 (2), pp.5-15.

[83] Lee, N. and Amanda J. Broderick. (2007), "The past, present and future of observational research in marketing". Qualitative Market Research: An International Journal, 10(2), pp.121-129.

[84] Li J., Yang J.Y., and Yue D.R. (2007), "Identity, community, and audience: How wholly owned foreign subsidiaries gain legitimacy in China", Academic of Management Journal, 50 (1), pp. 175-190.

[85] Lim, K. H., Leung, K., Sia, C. L. and Lee, M. K. O. (2004), "Is e-Commerce Boundary-Less? Effects of Individualism-Collectivism and Uncertainty Avoidance on Internet Shopping", Journal of International Business Studies, 35(6), pp.545-559.

[86] Lo, W. C. W. and Everett, A. M. (2001), "Thriving in the Regulatory Environment of E-Commerce in China: A Guanxi Strategy", SAM Advanced Management Journal, 66(3), pp.17-24.

[87] Lu, J. W. and X. Dean (2006), "Growth and Survival of International Joint Ventures: An External-Internal Legitimacy Perspective", Journal of Management, 32(3), pp.426-448.

[88] Luo, Y., and J.M. Mezias. (2002), "Liabilities of foreignness: Concepts, constructs, and consequences", Journal of International Management, 8(3), pp.217-221.

[89] Maheswaran D. (1999), "Country of Origin as a Stereotype: Effects of Consumer Expertise and Attribute Strength on Product Evaluation", Journal of Consumer Research, Vol.21, pp.354-365.

[90] Maher A.A., Carter L.L. (2011), "The Affective and Cognitive Components of Country Image: Perceptions of American Products in Kuwait", International Marketing Review, 28(6), pp.559-580.

[91] Martin Brett A.S., Michael Shyue Wai Lee, and Lacey C. (2011), "Countering Negative Country of Origin Effects Using Imagery Processing", Journal of Consumer Behaviour, Vol.10, No.2, pp.80-92.

[92] Massey, J. E. (2001) "Managing organizational legitimacy: Communication strategies for organizations in crisis", The Journal of Business Communication, Vol. 38, No. 2, pp. 153-183.

[93] McDougall, P.P., Oviatt, B.M. (1996), "New venture internationalization, strategic change, and performance: a follow-up study", Journal of Business Venturing, 11(1), pp.23-40.

[94] McFarland Richard G, James M Bloodgood, and Janice M Payan (2008). "Supply Chain Contagion". Journal of Marketing, 72(2), pp.63-79.

[95] Meyer J. W. and Rowan B. (1991), "Institutionalized Organizations: Formal Structure as myth and Ceremony", In W. W. Powell and P. J. DiMaggio (Eds.), The new institutionalism in organizational analysis, 41-62. Chicago: University of Chicago Press.

[96] Meyer J. W. and Scott W. R. (Eds.) (1983a), "Organizational Environments: Ritual and rationality", Beverly Hills, CA: Sage.

[97] Meyer, J. W., and Scott, W. R. (1983b), "Centralization and the legitimacy problems of local government". In J. W. Meyer and W. R. Scott (Eds.), Organizational environments: Ritual and rationality: 199-215. Beverly Hills, CA: Sage.

[98] Miller S.R., Parkhe A. (2002). "Is there a liability of foreignness in global banking? An empirical test of banks'x-efficiency", Strategic Management Journal, 23(1), pp.55-75.

[99] Moore, S. (1979), "The Structure of a National Elite Network", American Sociological Review, 44, pp.673-691.

[100] Morgan M. J. (1998), "Lasting psychological sequelae of recreational use of MDMA ('ecstasy'): controlled studies in humans". Journal of Psychopharmac, 12, pp.105-106.

[101] Mtigwe, B. (2006). "Theoretical Milestones in International Business: The Journey to International Entrepreneurship Theory". Journal of International Entrepreneurship, 4, pp.5-25.

[102] Myers, W. H. (1996) "The Emerging Threat of Transnational Organized Crime from the East", Crime, Law and Social Change, 24, pp.181-222.

[103] Nagashima.A.(1970), "A Comparison of Japanese and U.S. Attitudes Toward Foreign Products", Journal of Marketing Research, Vol.34, pp.68-74.

[104] Nagashima A. (1977), "A Comparative 'made in' Product Image Survey Among Japanese Business Men", Journal of Marketing, Vol.41, No.3, pp.95-100.

[105] Neilsen, E. H. and Rao M.V.H. (1987), "The Strategy-Legitimacy Nexus: A Thick Description", Academy of Management Review, 12(3), pp.523-533.

[106] Nelson Richard R. and Sampat Bhaven N. (2001), "Making Sense of Institutions as a Factor Shaping Economic Performance", Journal of Economic Behavior & Organization, Vol.44, No.1, pp.31-54.

[107] Nir Kshetri.(2007), "The Adoption of E-Business by Organizations in China: An Institutional Perspective", Electronic Markets, 17(2), pp.113-125.

[108] North D.C. (1993), "Institutions and Creditable Commitment", Journal of Institutional and Theoretical Economics, 149(1), pp.11-23.

[109] Oliver C. (1991), "Strategic Responses to Institutional Processes", Academy of Management Review, 16(1), pp.145-170.

[110] Orru Macro. (1991), "The institutional logic of small-firm economies in Italy and Taiwan", Studies in Comparative International Development, 26(1), pp.3-28.

[111] Oviatt, B. and McDougall, P. (1994), "Toward a Theory of In-

ternational New Ventures", Journal of International business Studies, 25(1):45-64. 36, pp.29-41.

[112] Oviatt, B. and McDougall, P. (1995), "Global Start-Ups: Entrepreneurs on a World-Wide Stage", Academy of Management Executive, 9(2), pp.30-43.

[113] Oviatt, B. and McDougall, P. (2005), "Defining International Entrepreneurship and Modeling the Speed of Internationalization", Entrepreneurship Theory and Practice, 29 (5), September, pp.537-554.

[114] Pandit N. (1996), "The Creation of Theory: A Recent Application of the Grounded Theory Method", The Qualitative Report, Vol.2.No.4, pp.1-20.

[115] Papadopoulos N. (1986). "Development and organization of a cross-national study: the country-of-origin effect". In: Papadopoulos N, Bradley MF, editors. Proceedings, workshop on international strategy. Brussels: European Institute for Advanced Studies in Management, pp. 42-56.

[116] Papadopoulos N. (1993). "What product country images are and are not". In: Papadopoulos N, Heslop LA, editors. Product-country image: impact and role in international marketing. New York: International Business Press; pp. 3-38.

[117] Papadopoulos N. (2004). "Place branding: evolution, meaning and implications". Place Branding, 1(1), pp.36-49.

[118] Papadopoulos N, Heslop LA. (2003). "Country equity and product-country images: state-of-the-art in research and implications". In: Jain SC, editor. Handbook of research in international marketing. Cheltenham, Northampton: Edward Elgar; pp. 402-433.

[119] Papadopoulos N, Heslop LA, Beracs J. (1990), "National stereotypes and product evaluations in a socialist country". International Marketing Review, 7(1), pp.32-47.

[120] Pappu R, Quester PG, Cooksey RW. (2007), "Country image and consumer-based brand equity: relationship and implications for international marketing". Journal of International Business Studies, 38(5), pp.726-745.

[121] Parameswaran R, Pisharodi R. M. (1994), "Facets of country of origin image: an empirical assessment". Journal of Advertising, 23(1), pp.43-61.

[122] Parameswaran R, Pisharodi R. M. (2002), "Assimilation effects in country image research". International Marketing Review, 19(3), pp.259-278.

[123] Parameswaran R, Yaprak A. (1987), "A cross-national comparison of consumer research measures". Journal of International Business Studies, 18(1), pp.35-49.

[124] Peng, M. W. and Luo, Y. (2000), "Managerial Ties and Firm Performance in a Transition Economy: The Nature of the Micro-Macro Link", Academy of Management Journal, 43 (2), pp.486-501.

[125] Peterson, R.A. and Jolibert, A.J.P. (1995), "A Meta-analysis of Country-of-Origin Effects", Journal of International Business Studies, Vol.26, No.4, pp.883-899.

[126] Petersen, B., Pedersen T. (2002). "Coping with liability of foreignness: Different learning engagements of entrant firms", Journal of International Management, 8(3), pp.339-350.

[127] Pfeffer J. (1981), "Management as Symbolic Action: The Creation and Maintenance of Organizational Paradigms", In L. L. Cummings and B. M. Staw (Eds.), Research in Organizational Behavior, 13, pp.1-52. Greenwich, CT: JAI Press.

[128] Pfeffer J. and Salancik G. (1978), "The External Control of Organizations": A Resource Dependence Perspective. New York: Harper and Row.

[129] Palazzo, G. and A. G. Scherer (2006), "Corporate Legitimacy

as Deliberation: A Communicative Framework", Journal of Business Ethics, 66(1), pp.71-88.

[130] Powell W. W. and DiMaggio P. J. (Eds.) (1991), "The New Institutionalism in Organizational Analysis", Chicago: University of Chicago Press.

[131] Prahalad C.K., Doz Y. (1987), "The Multinational Mission: Balancing local demands and global Vision". New York: The Free Press.

[132] Rajeev B., Aaron A., Bagozzi Richard P. (2012), "Brand Love", Journal of Marketing, (3), pp.1-21.

[133] Rao Raghunath Singh, Rajesh K Chandy, and Jaideep C Prabhu. (2008), The Fruits of Legitimacy: Why Some New Ventures Gain More from Innovation Than Others. Journal of Marketing, 72(4), pp.58-75.

[134] Rhee, M., Valdez, M. E. (2009). "Contextual factors surrounding reputation damage with potential implications for reputation repair". Academy of Management Review, 34, pp.146-168.

[135] Roberts P.W., Greenwood R. (1997), "Integrating Transaction Cost and Institutional Theories: Toward a Constrained-Efficiency Framework for Understanding Organizational Design Adoption", Academy of Management Review, 22(April), pp.346-373.

[136] Roth K, Diamantopoulos A. (2009), "Advancing the Country Image Construct", Journal of Business Research, Vol.62, No.7, pp.726-740.

[137] Roth K, Diamantopoulos A.(2010), "Advancing the Country Image Construct: Reply to Samiee's (2009) Commentary", Journal of Business Research, Vol.63, pp.446-449.

[138] Roth, Martin S. (1995), "Effects of Global Market Conditions on Brand Image Customization and Brand Performance", Journal of Advertising, 24 (Winter), pp.55-75.

[139] Roundy P.T. (2010), "Gaining legitimacy by telling stories The

power of narratives in legitimizing mergers and acquisitions", Journal of Organizational Culture, Communications and Conflict, 14(1), pp.89-105

[140] Ruef, M., & Scott, W. R. (1998). "A multidimensional model of organizational legitimacy: Hospital survival in changing institutional environments", Administrative Science Quarterly, 43, pp.877-904.

[141] Samiee S. (2010), "Advancing the Country Image Construct - a Commentary Essay", Journal of Business Research, Vol.63, pp. 442-445.

[142] Sandefur, R. L. and Laumann, E. O. (1998), "A Paradigm for Social Capital", Rationality and Society, 10(4), pp.481-510.

[143] Schooler R.D. (1965), "Product Bias in the Central American Common Market", Journal of Marketing Research, Vol.2, pp. 394-397.

[144] Schouten. John W. and James H. McAlexander. (1995), "Subcultures of Consumption: An Ethnography of the New Bikers", Journal of Consumer Research, 22 (June), pp.43-61.

[145] Scott, W. R. (1995, 2001), Institutions and Organizations, Thousand Oaks, CA: Sage.

[146] Scott W. R. and John W. Meyer .(1994), "Institutional Environments and Organizations: Structural Complexity and Individualism", Thousand Oaks, CA: Sage Publications.

[147] Shaver P., Judith Schwartz, Donald Kirson, and Cary O'Connor. (1987), "Emotion Knowledge: Further Exploration of a Prototype Approach", Journal of Personality and Social Psychology, 52(6), pp.1061-1086.

[148] Sheng S., Zhou, K.Z. and Li J.J. (2011), "The Effects of Business and Political Ties on Firm Performance: Evidence from China", Journal of Marketing, 75, pp.1-15.

[149] Singh J,V.,House R. J. and Tucker D.J. (1986), "Organiza-

tional Change and Organizational Mortality", Administrative Science Quarterly, 31(4), pp.587-611.
[150] Su C. T., Yang Z. L. and Fam E. (2012). "Dealing with institutional distance in international marketing channels: governance strategy", Journal of Marketing, Forthcoming.
[151] Suddaby R., Greenwood R. (2005). "Rhetorical strategies of legitimacy", Administrative Science Quarterly, 50, pp.35-67.
[152] Sumner W. (1906), "Folkways: The sociological importance of usages, manners, customs, mores and morals". New York: Ginn & Co.
[153] Supphellen M, Rittenbur T. L. (2001), Consumer Ethnocentrism When Foreign Products Are Better, Psychology and Marketing, 18(9), pp.907-927.
[154] Skiair, L. (1994). "The culture-ideology of consumerism in urban China: Some findings from a survey in Shanghai". In C. J. Schultz, II, R. W. Belk, and G. Ger (Eds.), Research in consumer behavior, 7: 259-292. Greenwich, CT: JAI.
[155] Su C. T., Yang Z. L. and Fam E. (2012). "Dealing with institutional distance in international marketing channels: governance strategy", Journal of Marketing, Forthcoming.
[156] Suchman, Mark C. (1995), "Managing Legitimacy: Strategic and Institutional Approaches", Academy of Management Review, 20 (June), pp.571-610.
[157] Suddaby, R. and R. Greenwood. (2005), "Rhetorical Strategies of Legitimacy", Administrative Science Quarterly, 50 (1), pp. 35-51.
[158] Usunier J. C.(2006), "Relevance in Business Research: The Case of Country-of-Origin Research in Marketing", Eurepean Management Review, Vol.3, pp.60-73.
[159] Verlegh PWJ. (2007), "Home Country Bias in Product Evaluation: the Complementary Roles of Economic and Socio-psycho-

logical Motives", Journal of International Business Studies, 38(4), pp.361-373.

[160] Verlegh PWJ and Steenkamp JBEM. (1999), "A Review and Meta-analysis of Country-of-Origin Research", Journal of Economic Psychology, Vol.20, No.5, pp.521-546.

[161] Weisman, S., Connelly, M.(2007), "Americans Are Open to Chinese Goods", Poll finds, The New York Times, October, 22.

[162] Wilkes, R. E. and Debra A. Laverie(2007), "Purchasing decisions in non-traditional households: the case of lesbian couples". Journal of Consumer Behaviour, 6(1), pp.60-73.

[163] Young, Stephen. (2003). "Entrepreneurship and the Internationalisation of Asian Firms: An Institutional Perspective", International Small Business Journal, 21(2), pp.229-233.

[164] Zeheer S.(2002), "The liability of foreignness, redux: a commentary", Journal of International Management, 8(3), pp. 351-358.

[165] Zeheer S. and Mosakowski E. (1997), "The dynamics of the liability of foreignness: A global study of survival in financial services", Strategic management journal, 18(6), pp.439-463.

[166] Zimmerman M.A. and Zeitz, G.J. (2002), "Beyond survival: Achieving new venture growth by building legitimacy", Academy of Management Review, 27(3), pp.414-431.

[167] Zucker L. G.(1987), "Institutional Theories of Organizations", Annual Review of Sociology, 13, pp.443-644.

[168] 陈向明.社会科学中的定性研究方法[J].中国社会科学,1996(6):93-102.

[169] 郭锐,汪涛,周南.国外品牌在中国的转化研究:基于制度理论[J].财贸经济,2010(10):114-119.

[170] 胡幼慧.质性研究——理论,方法及本土女性研究实例[M].台北:巨流图书公司,1994.

[171] 黄合水.产品评价的来源国效应[J].心理科学进展,2003(6):692-699.

[172] 黄敏学,李小玲,朱华伟.企业被"逼捐"现象的剖析:是大众"无理"还是企业"无良"?[J].管理世界,2008(10):115-126.

[173] 李东红.中国企业的全球化之根[J].清华管理评论,2011-08.

[174] 李志刚,李国柱.农业资源型企业技术突破式高成长及其相关理论研究——基于宁夏红公司的扎根方法分析[J].科学管理研究,2008(3):111-115.

[175] 林晓虹.中国品牌的国际化之路[J].中国外资,2009(1):40-43.

[176] 商务部.新闻发布会通报2011年我国商务运行情况[EB/OL]. http://www.gov.cn/xwfb/2012-01/18/content_2047861.htm,2012年1月18日.

[177] 陶厚永,李燕萍,骆振心.山寨模式的形成机理及其对组织创新的启示[J].中国软科学,2010(11):123-135.

[178] 王海忠,陈增祥.中国品牌国际新定位研究[J].中山大学学报(社会科学版),2010(3):175-183.

[179] 汪涛,邓劲.国家营销、国家形象与国家软实力[J].武汉大学学报(哲学社会科学版),2010(3):249-253.

[180] 徐晓琳.基于"来源国效应"的中国国家品牌资产构建研究[J].南京理工大学,2009-04.

[181] 杨立华.网络嵌入性如何影响组织间初始信任:社会资本的视角[D].武汉大学博士论文,2009-05.

[182] 岳劲.品牌国际化战略研究:合理性视角[D].武汉大学博士论文,2010-04.

[183] 郑凤田,唐传英,张莹.从"中国制造"到"中国品牌"[J].管理现代化,2002(6):55-58.

附　　录

附录 1　典型帖子的开放编码和主轴编码

编号:1-24-4,用途:建模
主轴:产品品质,企业实力,综合国力,消费者经验——实用形象

I live in Shanghai. A couple of years back, I bought a 125cc scooter made by Geely. It was cute-looking, but also gutless, loud and squeaky, with terrible brakes and suspension, high petrol consumption, and very poor rustproofing. After a local thief recently did me an unexpected favour by purloining my scooter, I went out and bought another. Ostensibly the exact same model, my new bike is quiet, powerful, economical, handles and brakes well, and hasn't rusted. It's like chalk and cheese. In two short years, Geely has learned how to make scooters. GM's Kevin Wale is right: the Chinese are quick learners. Don't underestimate them.

我生活在上海(1-24-4-1 消费者经验-生活在中国)。大概 2 年前,我买了一辆 125cc 的吉利(1-24-4-2 品牌声誉-知名-吉利)小型摩托(1-24-4-2 产品类型-摩托)。它外表可爱(1-24-4-3 产品品质-外观好),但动力差,噪音大,吱吱作响,而且刹车和制动也相当糟糕,油耗高,抗锈也差(1-24-4-3 产品品质-质量,功能,工艺均差)。在一个本地小偷帮我个大忙偷了它以后,我终于解脱再买了个新的。表面上看起来和第一辆一样(1-24-4-5 产品品质-外观好),但我的新车却很安静,动机强劲,经济省油,刹车手把均好,而且不会生锈(1-24-4-5 产品品质-质量,功能,工艺均好)。前后真是天壤之别。短短两年之内(1-24-4-6 企业实力-学习能力强,速度快),吉利就学会了如何造小型摩托(1-24-4-6 企业实力-技术能力强)。GM 的凯文威尔说得对:中国人学得很快(1-24-4-7 综合国力-科技学习力强,速度快)。不要低估他们。

编号:2-13-2,用途:建模
主轴:企业实力,产品品质,重要事件——实用形象

Lenovo and Haier made their first steps but are far from being successfully branded. I can't think of any identity strongly associated with these two brands. With all the recent toy recalls, petfood recalls, toothpaste recalls, "Made in China" is now officially branded with a big warning sign.

联想和海尔都走出了他们的第一步(2-13-2-1 企业实力-品牌声誉-知名品牌-联想,海尔),但离塑造国际化品牌还有好长一段路要走。我根本就对这两个品牌没什么印象(2-13-2-2 企业实力-品牌声誉-品牌知名度-低,没个性)。而且最近以来的玩具召回,宠物食品召回和牙刷召回(2-13-2-3 重要事件-产品召回)等,让"中国制造"已经成为了一个产品品质的警示标示(2-13-2-3 产品品质-差)。

编号:2-13-4,用途:建模
主轴:价格优势,企业实力——实用形象

Chinese brands aren't famous in the West yet. But while ubiquitous elsewhere in the 3rd world, they are not "famous" in other countries either. I do a lot of business in Vietnam and Thailand-Chinese brands of soap, motorcycles, noodles and other household items are everywhere are they famous/have they built a brand or are they the lowest entry points into the market and so everyone carries them?

中国品牌在西方并不著名(2-13-4-1 企业实力-品牌声誉-品牌知名度-低)。虽然它们在第三世界却无处不在,但在其他国家就不那么有名了。我和越南,泰国人做过很多生意——在那两个国家,中国肥皂品牌、摩托车、面条和其他家用品几乎无处不在(2-13-4-3 产品可替代性-无处不在)。中国产品为什么无处不在呢?到底是因为它们有名或者已经树立了品牌(2-13-4-4 企业实力-品牌声誉-品牌知名度高),还是因为它们进入市场的门槛较低呢?(2-13-4-4 价格优势-便宜,企业实力-成本制造力强)

编号:3-9-20,用途:建模
主轴:商业伦理——社会形象——产品品质——实用形象——合理性判断——态度

The bottom line is that when you're buying Chinese goods, you cannot depend on them to deliver what you're paying for. They will spend so much time lying, concealing and conniving that if they put all that effort into making a good

附录1 典型帖子的开放编码和主轴编码

product… they would be world-leaders in quality. Now that would be disgust.

底线是:当你买中国产品时,你不要指望你能物有所值(3-9-20-1 价格优势-性价比;3-9-20-1 合理性判断-不合理)。他们宁愿花大量时间来撒谎,欺骗,让你相信他们在不遗余力的制造好的产品(3-9-20-2 商业伦理-欺骗消费者)……似乎他们产品的质量世界领先(3-9-20-3 产品品质-质量)。这让人恶心(3-9-20-4 态度-憎恶)。

编号:4-3-1,用途:检验
主轴:产品品质,企业实力,经济水平——实用形象
　　　体系制度,民族中心主义——社会形象——态度

Chinese have the expertise in making sophisticated toys and other products like Mobile with a very attractive rate. Most of the talk about Chinese products is due to political hatred against China and it's advancement in technology.

中国在制作精致玩具(4-3-1-1 产品品质-工艺-精致)以及手机等产品方面(4-3-1-1 产品类型-玩具,手机)都有着引人注目的专业优势(4-3-1-1 企业实力-技术能力强,制造能力强)。大多数关于中国产品的坏话都是出于对中国的强大技术发展(4-3-1-2 经济水平-技术实力强大)和政治(4-3-1-2 体系制度-政治因素)憎恨(4-3-1-2 民族中心主义,态度-憎恶)。

编号:6-18-1,用途:建模
主轴:体系制度,商业伦理,综合国力——社会形象——态度——行为

Here are some more of the many reasons to boycott Chinese products. Torture and mistreatment of prisoners. Destruction of jobs and economies by cheap imports. Military aggression and support for terrorism. China's malevolent influence around the world. Forced Abortions, birth control and sterilizations. Religious Persecution. Forced labour. Occupation of Tibet. Occupation of Uighuristan (East Turkestan). Repression of Political & Civic Freedom. Psychiatric abuse. Denial of Workers Rights. Harvesting and Sale of Body Parts. Support for Burmese military dictatorship.

以下是抵制中国产品的部分原因(6-18-1-1 态度,行为-抵制):虐待囚犯(6-18-1-2 体系制度-法制);廉价出口破坏他国就业和经济(6-18-1-3 商业伦理-不正当竞争,破坏他国经济和就业);军事扩张(6-18-1-4 综合国力-军事扩张);恐怖主义(6-18-1-5 体系制度-政治体系);恶意影响世界(6-18-1-6 综合国力-国际影响力);计划生育,强制引产(6-18-1-7 体系制度-法制-计划生育);限制宗教(6-18-1-8 体系制度-政治体系-限制宗教);强迫劳工(6-18-1-9

商业伦理-强迫劳工);精神虐待国民(6-18-1-12 体系制度-政治体系);否认工人权利(6-18-1-13 商业伦理-工人权利);人体器官买卖(6-18-1-14 体系制度-法制);支持缅甸军事独裁(6-18-1-15 综合国力-国际影响力)

编号:6-23-1,用途:检验
主轴:体系制度,商业伦理,民族中心主义——社会形象
社会形象——产品品质——实用形象——合理性判断——态度——行为

The first reason that I am doing this is philosophical. The Chinese Government is one of the worst Human Rights abusers in recent history. Ever since the communist regime came in to existence in that country, the country has been marked by political prisoners, suppression of speech and civil rights, unfair economic practices, and horrible environmental degradation.

On the Economic front, the Chinese Yuan is not traded on a market-based exchange rate. The result is that that currency is massively undervalued, giving Chinese goods and companies an extremely unfair advantage in the international market place. That undervaluation, coupled with the complete lack of environmental and safety safeguards, makes it nearly impossible for non-Chinese companies to compete with the sheer low cost of doing business. This leads to less scrupulous American companies shipping jobs overseas, leading to unemployment on the home front. The quality of Chinese goods shipped to America has also taken a downturn. Most recently, we have learned that the Chinese have reused chopsticks without even sanitizing them.

China has also become one of the biggest polluters in the world. The rise of a Chinese middle class has lead to an explosion of coal-fired power plants across the nation, with the resultant black haze, as power needs skyrocket. That, coupled with increased foreign (American) demand for Chinese goods, China is fast becoming the world's dirtiest country.

The other main reason as to why I am going to attempt to stop buying Chinese goods (they are pervasive) is a mere safety thing. Everything from tainted dog food, dangerous toys, and dirty chopsticks to tainted tooth paste and bad fish are coming out of that country. They don't have the health regulations in place like we do, so the quality of their goods suffers. I don't want to be on the receiving end of the next Chinese goods scare, so I'm just going to try and remove myself from the situation entirely.

In a perfect world, our government would practice what it preaches and only trade with countries that allot their people the freedoms and work conditions that we strive for ourselves. Seeing as how that's not the case and how we, as a country, are seemingly irrevocably reliant on China for our everyday needs, I will do my best to cut that reliance at least a little bit.

我这么做(笔者注:指停止购买中国产品)(6-23-1-1 行为-停止购买)的第一个理由是这样做是合理的(6-23-1-1 合理性判断-不合理)。在近代历史上,中国政府是最不注重人权的政府之一(6-23-1-2 体系制度-政治体系)。这个国家已经被贴上了政治奴役,打压相左观点和人权(6-23-1-3 体系制度-政治独裁),不公平的经济政策(6-23-1-3 体系制度-经济不公平政策)以及严重的环境破坏(6-23-1-3 体系制度-生态-破坏环境)的标签。

在经济上,人民币的交易不以市场机制为运行基准(6-23-1-4 经济水平-市场自由度)。导致的结果是人民币被严重的贬值,这样中国的产品和企业在国际市场上就有不公平的竞争优势(6-23-1-5 商业伦理-不正当竞争)。人民币价值的低估加上中国的环境缺乏完整的环境和安全标准(6-23-1-6 商业伦理-缺少质量监管和安全管制,体系制度-经济制度-不完整),导致了其他国家的企业很难和中国的企业在成本上竞争。这就引发了美国的企业将产业外移,导致国内民众失业(6-23-1-7 商业伦理-损害他们产业和就业)。中国的产品再次流回美国在质量上也有很大的滑坡(6-23-1-8 产品品质-质量差)。我最近看到一则报道,说中国企业在没有进行消毒处理的情况下再次使用已经用过的筷子(6-23-1-9 商业伦理-偷减程序)。中国目前已经是世界上最大的污染国之一。伴随着外国(如美国)对中国产品的需求上升,中国已经成为世界上最脏的国家之一(6-23-1-10,11,12 体系制度-生态-污染)。

我之所以停止购买(6-23-1-13 支持行为-停止购买)中国产品(这些产品已经大量渗透到市场)的另一个主要原因就是安全问题(6-23-1-13 产品品质-不安全)。从被污染的狗粮,危险的玩具,不卫生的筷子到被污染的牙刷以及腐烂的鱼(6-23-1-14 产品类型-食品,玩具,餐具,日用品)都来自中国。中国不像我们国家有严格的卫生监督体系(6-23-1-15 体系制度-经济-卫生监督体系),因此质量就得不到保证(6-23-1-15 产品品质-质量),我不想成为中国产品的下一个受害者(6-23-1-16 合理性判断-不合理)。

在一个完美的国家中,我们的政府应该做到他所承诺的,应该只同那些给予他们民众自由和为民众创造工作环境的国家进行商务往来(6-23-1-16 民族中心主义-保护本国经济;商业伦理-损害他国经济及就业)。看看中国和我们自己的现状,中国已经不能满足我们的需求,我不会再对中国有丝毫的信任(6-23-1-17 态度-不信任)。

编号:6-23-26,用途:检验
主轴:产品品质——实用形象——合理性判断——态度

Everyone likes to bring up the stuff that have been recalled from China (<1%), but how about things that AREN'T recalled (>99%+), like all our iPods? 90% of Americans' silverware? Or how about the massive Juniper routers? Or how about our laptops, xboxes, and our playstations? Oh yeah, I forgot. There's also masses of Chinese made and designed American cars done by their Chinese divisions (such as Buick) which are generally accepted to be "not crap". There's definitely problems, but look at both sides of the coin.

人人都喜欢谈那些被中国召回的产品(<1%),那么那些没有被召回的产品呢(>99%+)(6-23-26-1 产品品质),像我们的 iPod,90%的美国银器?或大多数的 Juniper 路由器?或者我们的笔记本电脑,上网本和游戏机?哦,我忘了。还有无以计数的美国设计而由中国分部制造的美国汽车(如别克)(6-23-26-1,产品类型-汽车),它们统统都被视为"非垃圾"(6-23-26-2 产品品质-质量,性能)而为消费者广为接受(6-23-26-1 合理性判断-合理)。中国肯定有不足之处,但也要辩证看问题(6-23-26-3 态度-中立)。

编号:6-37-5,用途:建模
主轴:产品品质,产品类型——实用形象——态度

The problem is still there, they're just slapping a bandage on it without treating the real problem that people have with things that are made in China. Just because MP3 players are made in China but have U.S. technology doesn't mean the same applies to pet food. Your China-made MP3 player may stop working, and you can get a refund, get it fixed, or just complain to the internets. If China-made pet food fails, your pet could die. If your China-made toothpaste has chemicals used in antifreeze, you could be poisoned. They aren't addressing the problem, which is that the quality for some products isn't there. You cant equate MP3 players and tennis shoes with food items.

中国仍然没有正确认识到中国产品存在的问题。MP3 由中国制造却是美国技术,这并不能适用于宠物食品(6-37-5-2 产品类型-MP3,食品)。MP3 出了问题还能收回修理或者在网上抱怨,但一旦中国产的宠物食品出问题,你的宠物可能就死了(6-37-5-3 产品品质-安全)。一旦牙刷出了问题,你也将被毒

死(6-37-5-3 产品类型-牙刷)。他们没有意识到真正值得重视的问题是一些中国产品仍然存在质量问题(6-37-5-4 产品品质-质量)。食物和MP3,球鞋等不一样,不能一样的对待(6-37-5-5 态度-中立)。

  编号:6-37-14,用途:建模
  主轴:商业伦理,体系制度,综合国力,文化规范,民族中心主义——社会
    形象——态度
    产品品质,价格优势、经济水平——实用形象

  It is conspiracy. People buy it because they don't give a crap, and just want the cheapest piece of junk lead tainted, child labor using, environment polluting piece of crap they can afford. People who are conscious about things made in China, and go out of their way to buy American made products for political, economic, social, or environmental reasons will not be swayed by a commercial.

  人们买中国垃圾(6-37-14-2 产品品质-垃圾)只是因为想买他们能支付得起的最便宜货(6-37-14-2 价格优势-最便宜)才会想要那些出自原料有毒(6-37-14-2 商业伦理-产品安全-有毒),使用童工(6-37-14-2 商业伦理-雇工政策-使用童工),环境污染(6-37-14-2 商业伦理-环境保护-污染)的中国的产品。那些知道中国产品真实情况的人(6-37-14-3 消费者经验),就会出于政治(6-37-14-3 体系制度-政治体系),经济(6-37-14-3 经济水平-经济实力),社会(6-37-14-3 文化规范)或环境的原因买美国货(6-37-14-3 民族中心主义-支持国货),而且更不会受任何商业因素的动摇(6-37-14-3 态度-抵制)。

  编号:6-58-7,用途:建模
  主轴:产品品质,经济水平,综合国力,企业实力——实用形象——态度

  The old thinking that "it's made in China so it must be crappy" no longer applies. China is an industrial super power. It's a country that is enormous in geographic size, and is the most populous country in the world. Times have changed. China has good factories and bad factories.

  "中国制造就是垃圾"这种老思想(6-58-7-1 产品品质)已经不再适应实际情况了(6-58-7-1 态度-支持)。中国现在是超级强国(6-58-7-2 综合国力-综合国力;经济水平-经济实力强大),她以地大物博著称(6-58-7-2 综合国力-地理,资源优势),在国际上广受欢迎(6-58-7-2 综合国力-国际影响力)。时代已经变了。中国有坏工厂,但也有好工厂(6-58-7-4 企业实力,商业伦理)。

  编号:6-78-1,用途:建模
  主轴:体系制度,商业伦理,综合国力,民族中心主义——社会形象——态度

I am actively requesting our Government to cease it's dependency on China Goods and anything to do with Red Communist China. They are despicable in their trades, their human rights, their deliberate genocide of the Tibetan peoples and all free peoples. Not to mention their own stance on abortion as casual birth control and the drowning of children, when they are not using them as child laborers.Why are we Americans allowing them to be the next Superpower? I realize it's hard but I make it my goal to politely ask merchants and friends to boycott MADE IN CHINA goods.Hell, buy American first, but if you must by elsewhere, buy anything but commie Chinese goods.

我积极要求政府停止(6-78-1-1 态度-抵制)对中国产品及其任何与红色共产主义(6-78-1-1 体系制度-意识形态)中国相关事物的依赖。他们在贸易上并不诚信(6-78-1-2 商业伦理-不正当竞争),更不要提他们在不用童工的时候(6-78-1-3 商业伦理-使用童工)就打着控制人口的幌子来让孩子流产或淹死他们(6-78-1-3 体系制度–计划生育)。为什么我们美国人要让他们成为下一个超级强国?(6-78-1-4 综合国力-威胁,民族中心主义)我知道这很难,但我还是真诚地请求商人和朋友抵制中国产品(6-78-1-5 支持行为-抵制,口传影响他人购买)。优先买美国货(6-78-1-6 民族中心主义-支持国货),如果你非得选其他国家的产品,那么一定也不要选共产主义中国的(6-78-1-6 民族中心主义-敌视)。

编号:6-78-13,用途:建模
主轴:商业伦理,体系制度,消费者经验——社会形象

Have you ever been to China? Nobody is "forced" to live in barracks in the factories, it is something most workers take advantage of so to reduce commutes and living expenses in southern China. In Northern China, the workers commute and work as we do at many of the major plants. Actually go there and investigate before spouting off ignorant comments about the working conditions there. Can a US worker afford to buy their own farm after 10 years of working in a US factory? No. Can a Chinese worker pull off the same feat? Yes. Workers do get paid or the government shoots the factory management. The labour laws and immigration are way more strict in China than in the US. You also seem to know nothing in terms of Chinese business practices. I have dealt with them for 10 years. Way more honourable than the US and they treat their workers better too.

附录 1　典型帖子的开放编码和主轴编码

你们都曾去过中国吗？没有人被"强迫"住在简陋的工厂宿舍里,这是因为中国南部打工的工人们希望降低他们的住宿和生活成本。在中国北部,绝大多数工厂里的工人的住宿和工作环境都和我们一样好(6-78-13-3 商业伦理-工作环境)。在散布有关工作环境的无稽之谈前,先自己亲自去中国深入调查一下吧。难道一个美国工人在一家美国工厂工作十年以后就能买得起自己的农场吗？做不到！那中国工人可以做到吗？可以！(6-78-13-8 商业伦理-工人待遇)中国工人都能得到应得报酬,不然政府就会惩罚管理者(6-78-13-9 体系制度-政治体系-劳动政策)。中国的劳动法和移民法都比美国严格得多(6-78-13-10 体系制度-政治体系-劳动政策)。你们也完全不了解中国的商业实践。我和中国人做生意 10 年了(6-78-13-12 消费者经验-和中国人实际接触经验)。他们比美国人高尚得多(6-78-13-13 商业伦理-诚信),也对工人们好得多(6-78-13-13 商业伦理-劳工政策)！

编号:6-78-28,用途:建模
主轴:综合国力,产品可替代性——行为

American government feels threatening. The majority sales are from consumers, and they won't be affected by it. Chinese products can never be replaced ever. It is sad but it is TRUE.

美国政府感觉到威胁(6-78-28-1 综合国力-威胁)。但大多数销售都是由消费者买单的,他们根本就不会受到影响(6-78-28-2 行为-支持,继续购买)。中国产品不可能被取代(6-78-28-3 产品可替代性-不可替代)。这令人遗憾,但却是实情。

编号:6-93-8,用途:建模
主轴:体系制度——社会形象——价格优势
　　　产品品质,价格优势——实用形象——合理性判断——态度

Though there have been some recent problems with Chinese manufactured products, the vast majority contain no health risks. And while someone will inevitably argue that products made in the USA are of greater quality (and I would probably agree), I doubt most Americans are willing to pay the higher price for those products. Our wage laws and unions contribute to the higher cost for American goods. Due to the lack of such regulation in China, goods are cheap and we reap the benefits.

尽管最近部分中国产品的确出现了问题,但绝大多数中国产品都是无害无风险的(6-93-8-1 产品品质-安全,质量)。毫无疑问,有人一定会说美国产品

质量好得多(我也赞成),但我怀疑大多数美国人是不是真愿意为那些产品付更高的价款(6-93-8-2 价格优势-性价比)。我们的工资和联邦造就了美国产品的高成本。正因为中国缺少管制(6-93-8-3 体系制度,商业伦理-缺少管制),他们的产品才便宜(6-93-8-2 价格优势-性价比),我们也才能得到实惠(6-93-8-3 态度-满意;6-93-8-3 合理性判断-合理)。

  编号:7-5-3,用途:检验
  主轴:产品品质,企业实力,商业伦理——实用形象——行为

Security must be on top priority. We all understand that Chinese goods can evolve a certain lack of security, so do your due diligence before buy anything, specially if we are talking about heavy machinery like tractors, cars, etc. There are also copyrighted questions and brand issues, as well.

  安全是最重要的。众所皆知,中国产品缺乏安全性(7-5-3-2 产品品质-安全),在购买前认真检查也是你的必要工作(7-5-3-2 行为-口传影响他人购买),尤其是像买拖拉机、卡车等大宗物品(7-5-3-2 产品类型-耐用消费品)。中国产品也存在版权(7-5-3-3 商业伦理-不正当竞争-版权)和品牌(7-5-3-2 企业实力-品牌声誉)的问题。

  编号:7-5-8,用途:检验
  主轴:商业伦理,体系制度——社会形象——行为

I don't generally read labels for country of manufacture. But I am concerned that China seems to play fast and loose with ingredients and oversight there for many products seems to be lax. And with the environmental questions surrounding Chinese water and soil and with questionable oversight by their government, I refuse to buy any food grown in China (at least knowingly!)

  我通常不会注意制造国。但我却知道中国视产品原料如儿戏(7-5-8-2 商业伦理-劣质原料),放松产品管制(7-5-8-2 体系制度-缺乏质量监控和安全管制)的情况。由于中国水源与土壤等环境问题(7-5-8-3 体系制度-环境污染)及政府监管不力(7-5-8-3 体系制度-政府监管),我至少在知情的情况下,不会购买任何中国食品(7-5-8-3 行为-抵制)。

  编号:7-15-1,用途:建模
  主轴:商业伦理——社会形象——态度——行为

I don't want to encapsulate the Chinese in general, but let's just say some Chinese companies could care less about morality and more about profits, even if it cost people their lives. Here's my warning. You better make sure you know

附录1 典型帖子的开放编码和主轴编码

damn well where your protein powder is coming from.
  我说这话并不能概括所有中国人,但不得不说中国公司唯利是图,缺乏道德,甚至不惜以他人生命作为代价来谋取暴利(7-15-1-1商业伦理-产品安全)。这就是我的警告(7-15-1-2 态度-不满,行为-抵制)。你们最好是清楚确定蛋白粉到底是哪个国家产的(7-15-1-3 行为-阻止他人购买)。

  编号:7-22-3,用途:建模
  主轴:民族中心主义,经济水平,综合国力——态度
      态度,产品可替代性——行为

  I feel, as a country, we are selling our souls and sovereignty to the Chinese. It makes lots of sense that we have trade embargos against tiny, non-threatening islands, like Cuba, while we pour money into the economy of a sleeping giant. I, too, have stopped buying Chinese goods and it has proven to be absurdly difficult. My son is getting Legos this Christmas...and well...that's about it.
  我觉得,我们整个国家都在向中国人出卖我们的灵魂和主权(7-22-3-1 民族中心主义)。我们完全可以和那些小的、没有威胁性的岛国,如古巴,交易,但却选择了将我们的钱全部投入到中国这一沉睡中的巨人(7-22-3-2 经济水平-经济实力强大)的经济中(7-22-3-2 综合国力-中国威胁,态度-抵制)。我也停止购买中国产品了(7-22-3-3 行为-停止购买),但事实证明这很难(7-22-3-3 产品替代性-不可能缺少中国产品)。这个圣诞我儿子就买了一些Lego。那就是我要说的。

  编号:7-22-7,用途:建模
  主轴:商业伦理——社会形象——产品品质——态度

  Although China is saying Made in Chine with American Designers, what they really want is Made in China with stolen American Designs. Amazes me how we allow China to ignore patents/licenses then resell back to the US. Today, china company put **** material inside a product, copy the casing 100%, stick other company logo on it, and PRETEND to be other company product, that is counterfeiting.
  虽然中国宣称他们的产品是由美国设计的,但事实上是偷了美国的设计(7-22-7-1 商业伦理-盗用设计)。中国在产品中塞入劣等原料,全盘模仿别国产品,在产品上盖上其他公司的logo,还假装是其他公司的产品(7-22-7-2 商业伦理-假冒仿制),就是赝品(7-22-7-2 产品品质-产品真实性,态度-不满-愤怒)!

编号:7-27-12,用途:检验
主轴:产品品质,消费者经验——态度

Brands like Prada and Apple TOTALLY do use labor in China. Just because something is made in China does not mean it is of poor quality. As long as you practice smart shopping, you can get wonderful items made in ANY country. I don't trust my Made in China stuff to be high quality, but I also don't look for the sticker and then complain that their quality has degraded.

像普拉达和苹果等品牌都使用的是中国的劳工。不能因为某些中国产品差就说整个中国产品质量差(7-27-12-2 产品品质-质量)。如果你自己购物时够精明的话(7-27-12-3 消费者经验-产品知识),可以买到任何国家制造的好东西。我不认为自己买的中国货有多好的质量(7-27-12-3 产品品质-质量),但我也不会特意去翻他们的标签然后抱怨他们的质量差(7-27-12-3 态度-中立)。

编号:8-25-11,用途:检验
主轴:体系制度,经济水平——社会形象——产品品质——态度

Being weary of products coming from Chinese factories in a Communist Chinese regime is not being racist. They don't even have a transparent market and government like most of the developed countries. There's no guarantee when it comes to product safety and quality.

讨厌(8-25-11-1 态度-讨厌)来自中国(8-25-11-1 体系制度-意识形态)的产品不是因为种族主义(8-25-11-1 民族中心主义)。中国不像发达国家,他们甚至没有公开透明的市场和政府(8-26-11-2 经济水平-市场自由度;8-25-11-2 体系制度-市场机制,政府监管)。因此,产品的安全和质量(8-25-11-3 产品品质-安全,质量)就没有保证了。

编号:8-31-4,用途:建模
主轴:价格优势,产品品质——实用形象——态度
　　　商业伦理——社会形象——态度

It's not a conspiracy. It's just that, to date, we as a nation still believe that the massive money savings that come from importing from China outweigh such drawbacks as health problems, shoddy construction, lead, losing American jobs and encouraging a society that treats workers like crap.

这不是阴谋。迄今为止,我们的国民仍然相信(8-31-4-2 态度-满意,信任)从中国购买产品所省下的钱的价值(8-31-4-2 价格优势-性价比),要大于中国

附录1　典型帖子的开放编码和主轴编码

产品给我们带来的健康损害(8-31-4-2 产品品质-安全-有害健康),恶劣材料(8-31-4-2 产品品质-质量差),含铅玩具(8-31-4-2 产品品质-安全-有害健康,商业伦理),丢失的美国工作(8-31-4-2 商业伦理-损害他国就业)和鼓励社会像牲口一样对待工人(8-31-4-2 商业伦理-虐待劳工)等问题所带来的危害(8-31-4-2 态度-不满)。

编号:8-31-5,用途:建模

主轴:价格优势,产品品质——实用形象——合理性判断——态度

民族中心主义,综合国力,商业伦理——社会形象——合理性判断——态度

The quality of this cheap crap is so poor that it needs to be replaced soon after purchasing it anyway. We buy cheap crap, it breaks, and we go buy more cheap crap, what a cycle. I bought a Chinese television it lasted nearly 2 years before blowing up. I now realize the American television cost me 600 dollars and over time cost me 33 dollars a year to own, the larger Chinese television cost 600 dollar and over time cost me 300 dollars a year to own. Do we really save anything buying this cheap crap? What is the real cost? American jobs! Our landfills are overflowing with this crap! Why won't anyone save America? And I hate it when people post on here that Americans are lazy, or they should just go to college to get better jobs, not everyone is financiallly able to go to college and not everyone is intellectually able to go to college, but are definely able to produce televisions if that option was available to them. Give that option back to the hard working people of America.

这种便宜货(8-31-5-1 价格优势-便宜)的质量太差了(8-31-5-1 产品品质-质量差),买完就想把它换掉(8-31-5-1 态度-不满)。我们购买便宜货,这些便宜货坏得快,我们接着去买更多的便宜货,陷入一个恶性循环(8-31-5-2 合理性判断-不合理)。我买了一台中国生产的电视机,只用了两年就报废了(8-31-5-3 产品品质-耐用性差)。现在我才意识到,虽然同样花600美元购买一台电视机,但是美国生产的电视机一年的成本是33美元,而中国生产的电视机一年成本则是300美元(8-31-5-4 价格优势-性价比低)。我们购买这种便宜货真的省钱了吗?什么才是真正的物有所值,美国产品才能做到。现在美国却到处充斥着各种廉价货。为什么没有人来拯救美国呢?(8-31-5-5,6,7,8 民族中心主义)我讨厌那些在这里发帖子说美国人懒散或者指责别人说那些人应该上大学从而找到更好的工作的人。并不是每一个人都有钱上大学,也不是

每一个人都具备上大学的智商，但是如果我们有选择的话，我们都能生产出电视机(8-31-5-11 综合国力-制造能力强)，把这种机会还给我们美国人吧(8-31-5-11 商业伦理-损害他国就业)。

编号：9-2-3，用途：检验

主轴：价格优势——实用形象——态度

产品可替代性，态度——行为

The last straw for me has been broken recently, and, as a result, I am going to try to refrain from buying Chinese goods. It is going to be very hard, mainly to find cheap alternatives, but hopefully, after seeing my thought process on this issue, more people will agree with me and join me in this quest.

我的最后一线希望也破灭了(9-2-3-1 态度-失望)，以后我不会再购买中国的产品了(9-2-3-1 行为-抵制)。这个决定可能会很难执行，因为很难找到比中国产品更便宜(9-2-3-2 价格优势-便宜)的了(9-2-3-2 产品可替代性-很难找到替代品)，但是我希望，在看到我的建议后，会有越来越多的人同意我的观点并加入到我的行列(9-2-3-2 行为-口传影响他人购买)。

编号：9-17-1，用途：建模

主轴：文化规范，经济水平，体系制度，商业伦理，民族中心主义，综合国力——社会形象——合理性判断——态度

社会形象，消费者经验——产品品质——合理性判断——态度

The amount of scheming, cheating and outright lying that goes on everywhere in China, the amount of corruption, exploitation and lack of ethics there.... there is NO reason ANY country should be doing business with China at all. I bought a nutcracker the other day, it snapped in half on the first nut. Mops? They will fall apart in your hands. There is no pride in anything that Chinese produce, it's all about cutting as many corners as possible and being ready to whine and complain if they get caught. Do you have ANY idea about the sheer amount of stupidity I have to put up with on a daily basis? People here simply do not think, they rush to "get the job done" and "done" here would be considered about 60% done in the US. The only way to be sure you don't get lead in a product made in China is to buy something made in China that is supposed to be lead. People, BUY AMERICAN, BUY EUROPEAN, buy ANYWHERE OTHER THAN CHINA. 5000 years and still a developing country? My eye. This is a horrible country in so many ways and thanks to our politicians who have sacrificed their own morals and souls for hard cash, they kowtow to Beijing far too much now. China acts like a little kid who whines and cries whenever it doesn't get it's way, and they have done nothing to deserve anything. They pollute more than any other country in the world, to a degree that their pollution is actually blowing across the Pacific and into the US in levels that are higher than anything we output ourselves. US companies have offered cleaner solutions for very low cost to factories and plants here in the past, and Chinese turn them down every single time.

狡诈,欺骗,谎话在中国随处可见(9-17-1-1 文化规范-不诚信,商业伦理-欺诈),各个地方都充斥着腐败(9-17-1-1 体系制度-政治腐败),过度开发(9-17-1-1 体系制度-生态保护),缺乏道德(9-17-1-1 文化规范-缺乏道德)的现象。不管是哪个国家,都找不到和中国企业打交道的理由(9-17-1-2 合理性判断-不合理;9-17-1-2 态度-抵制)。前几天买了一个坚果钳(9-17-1-2 消费者经验-购买和使用中国产品),在夹第一个坚果的时候就断了(9-17-1-2 产品品质-差)。中国生产的产品没有任何值得自豪的地方,他们在任何可能的地方偷工减料(9-17-1-3 商业伦理-偷工减料),一旦被发现,就开始埋怨和抱怨。我实在不想在这里数落中国人有多愚蠢。按照美国的标准,中国完成其中的 6 成就算完成了一项工作(9-17-1-4,5 民族中心主义-种族歧视)。你可以购买美国制造,欧洲制造但是千万别买中国制造(9-17-1-6 行为-抵制,口传影响他人购买)。5000 年的历史(9-17-1-7 综合国力-历史悠久),还是一个发展中国家(9-17-1-7 经济水平-发展中国家),在我眼里,这是一个可怕的国家(9-17-1-7 综合国力-国际威胁)。感谢我们国家的政客,他们牺牲了自己的道德和灵魂换来了金钱。中国就像一个小孩子一样,只要不按他的方式,他就到处抱怨,哭喊,从而不做任何事(9-17-1-9 商业伦理)。中国的污染超过其他任何一个国家,这些污染甚至已经吹到太平洋和美国,且比我们自己排放的污染还要高(9-17-1-9 体系制度-环境污染)。美国公司已经为如何降低生产成本提供了清晰的措施,中国的企业却往往反其道而行之(9-17-1-10 商业伦理-环境保护)。

编号:9-17-4,用途:建模

主轴:文化规范,体系制度,综合国力——社会形象——行为

Until China gets it's stuff together and finds even a semblance of care for human life (all those murdered baby girls, even in this day!) I will not knowingly purchase any goods or materials originating in China. China may be the banker for the USA right now, but that's the Bush family dynasty-not ours. Let them bankrupt us. Because we won't honestly care two chirps until we hit rock-bottom.

And it's coming up fast.

除非中国处理了它的所有垃圾,并且表达出对人命的关注(所有那些被杀的小女婴们(9-17-4-1 文化规范-重男轻女,体系制度-法制),甚至今时今日还有……!)不然,我不会购买任何来自中国的产品或原料(9-17-4-2 行为-抵制)。中国也许是美国的银行,但那只是对布什王朝而言,而不是我们的。他们会让我们破产(9-17-4-4 综合国力-经济实力-美国债权国)。因为在触及到底线之前,我们是不会真正关心这些。但马上我们就会被逼到绝路的(9-17-4-4 综合国力-国际影响力-威胁)。

编号:9-17-8,用途:建模
主轴:产品品质,商业伦理,产品可替代性——态度

Everything I buy that made in China is a piece of crap that usually breaks a week later. China just mass produces garbage without any concern that it may be harmful to the consumer. It makes you wonder how much other toxic stuff has slipped through the cracks, and is in our homes right now. If there is an alternative at the store I'll buy it, even if it costs more, but sometimes there is no alternative. It seems that most everything comes from china these days, and there is nothing we can do about it.

我购买(9-17-8-1 消费者经验-购买和使用中国产品)的任何一件中国产品都是垃圾(9-17-8-1 产品品质-差),往往是购后一周内就会坏掉(9-17-8-1 产品品质-耐用性差)。中国根本就是罔顾消费者健康而制造了大量的垃圾(9-17-8-2 商业伦理-产品有毒)。你不妨再想想中国生产了多少有毒的东西(9-17-8-3 产品品质-安全),它们现在都在我们家里。如果说在商店里能找到中国产品的替代品,我肯定会买,即使那要贵一些,但有时压根就找不到替代品(9-17-8-4 产品可替代性-无替代品)。现在基本所有的商品都是来自中国,但我们又无能为力(9-17-8-4 态度-中立)。

编号:10-4-4,用途:检验
主轴:体系制度,综合国力——社会形象——合理性判断——态度

Communist China is fattening us up for the ultimate kill. Every penny we spend on Communist Chinese made junk strengthens them and weakens us。

中国正在逼我们走上绝路(10-4-4-1 体系制度-政治意识形态)。我们花在共产主义中国上的任何一分钱(10-4-4-2 态度-抵制)都是在强化他们弱化我们自己(10-4-4-2 综合国力-中国威胁;10-4-4-2 合理性判断-不合理)。

编号:10-4-8,用途:检验

附录1 典型帖子的开放编码和主轴编码

> 主轴:价格优势,产品品质,产品类型——实用形象——合理性判断——
>   态度——行为
>
> I have to admit my person favorite, is food imported from China. For instance: apple juice. Probably 90% of the apple juice in American stores comes from Chinese apples. Admittedly, the Americans were paid a better wage, but what they built was actually quality. We wanted cheaper clothes, DVD players, televisions, etc. which elevated Walmart to the top with all the cheap, crappy products from China. These items quite often break within a short time after purchase. In turn, you just get to spend more money to buy another. In the end, we aren't saving any money that way. The American way has become about quantity, not quality. We just want cheap, cheaper, and cheapest. And it's all garbage. We, as cheap as Americans, have to change our ways. So quit buying a ton of Chinese garbage you don't need, Americans!
>
> 我得承认,我个人最喜欢(10-4-8-1 态度-满意)的就是中国的食物(10-4-8-1 产品类型-快消-食品)。比如说,苹果汁。基本上美国商店里90%的苹果汁都是取料自中国苹果(10-4-8-3 产品可替代性-不可替代)。不可否认,美国人工资是高一些,但高工资得到的是质量。我们想要更便宜的服装,DVD播放器,电视等(10-4-8-5 产品类型-服装,电器),这些使得沃尔玛货架上充斥了来自中国的廉价的(10-4-8-5 价格优势-廉价),垃圾(10-4-8-5 产品品质-质量差)的产品。这些东西经常买后没多久就坏了(10-4-8-6 产品品质-耐用性-易坏)。所以接下来,你就得花更多钱再买另一个。到最终,我们根本就没省钱(10-4-8-7 合理性判断-不合理)。现在美国的方式就是求量不求质。我们只想要便宜,更便宜和最便宜。但它们统统都是垃圾(10-4-8-11 产品品质-垃圾)。我们美国人需要改变自己的购物方式。美国人,停止购买那些你不需要的中国垃圾吧!(10-4-8-13 行为——口传影响他人购买,抵制)

附录2　来源国形象的实验操纵情境描述

好来源国实用形象	好来源国社会形象
A国是一个国民经济高居世界前十的发达国家，具有排名世界前茅的生产和制造技术和众多国际知名的大型企业和国际领先品牌，其产品因质量、工艺和设计而深受消费者好评。A国对产品出口的质量检查非常严格，各种产品的标签、包装、说明都要符合国家要求。	A国具有民主、健康的政治体系，所有公民都有平等的选举权，不存在军事纷争、民族歧视和人权暴力。此外，A国市场法规健全，对企业的从业道德和竞争规则均有极为详尽的法规与执照要求，而且执法十分严厉，尤其在商标、环保、安全、税务、劳工方面。因为注重对生态的保护，A国一直具有良好的生态环境，并有着悠久、开明和包容的文化传统和风俗习惯，其文化特征和人文关怀也在其产品中得到了体现。
差来源国实用形象	**差来源国社会形象**
A国是一个经济实力较为薄弱的发展中国家，生产和制造技术主要是靠学习模仿他国为主。A国的国际知名企业和国际品牌都很少，其所销产品偶尔也会因质量、工艺和设计而遭到消费者批评。A国对出口产品的质量检查并不严格，所出口的各种产品的标签、包装、说明都没有特定要求。	A国的政治体系还不够健全，国家内部还存在军事纷争、民族歧视和人权暴力。此外，A国市场法规并不健全，对企业的从业道德和竞争规则暂时并未出台详尽的法规与执照要求，在商标、环保、安全、税务、劳工方面更是存在很多问题。由于国家所走的为资源消耗型发展路线，A国的生态环境正日益恶化，其文化和传统在国际上也甚少有影响力。

致 谢

从本科到博士,我在珞珈山下的求学生涯一共九年。这九年,不仅是一生中最美好的时光,也必定是一生中最值得记忆的一段岁月。就在珞珈山下、东湖之滨的这座学府里,我完成了人生中最关键的成长阶段。在此,受益于恩师之情和同窗之谊,我寻觅到了问津学术的乐趣,也懂得了为人处世的道理。这些收获,必定是我以后人生路程上最为宝贵的财富。

这篇博士论文的完成,我需要感谢很多人,包括师长、朋友、家人和爱人。

首先,我要感谢博士生导师汪涛教授。我在硕士毕业之后工作了三年,这三年对于有志于营销研究的人来说,无疑是沉没成本。初入学之时,因为丢弃了的东西实在太多,倍感步履维艰,幸好有导师的肯定和鼓励,我才得以坚持努力,渐入佳境。读博期间,导师更是给了我最大限度的支持和帮助:让我选择自己喜欢的研究方向加以跟进,给我以支持和指导;带我去接触不同层次的公司和人,增长阅历与见闻;为我创造成长和学习的空间,无论是去北京进修还是去香港访学;鼓励、督促、教导我积极主动地向学者们讨教、交流,从这些学习机会中得到提升。一方面导师不遗余力为我提供了很大、很多的舞台,重督促、频激励,尽显严师风范;另一方面,导师又给了我充分的信任和自由,让我可以在正确的方向上、自主地前行。本篇论文的写作,是和导师多次讨论,并得益其精心指导的结果。虽然囿于本人学识上的浅陋和方法上的不足,仍旧有诸多缺漏,但是从导师教导中所习得的专业技能和治学态度,对我而言都是丰厚的收获。能在人生途中,遇上这样一位睿智又善良的导师,实为我的福分。对于导师的高义,学生只有今后在学术上发奋图进,才可以为报。

其次，我要感谢在香港访学期间的导师周南教授。他以简单朴实的语言教会我知足惜福的真理；他用言传身教的方式潜移默化地引导我往积极和乐观的方向想问题；他总是给我的研究思路以积极的肯定和鼓励，激励我往更高、更远的方向前进；他总是给我以各种提醒和建议，并在我迷惑时给予我最大的帮助；他支持我以家庭为重，教导我事业和生活应并重才是完美的人生……他对我的种种关心和照拂，让我倍感温暖和鼓舞。

再次，我要感谢武汉大学市场营销系给予我教导和关心的黄静老师、黄敏学老师、王长征老师、张广玲老师、徐岚老师、崔楠老师、欧阳老师、寿志钢老师和曾伏娥老师……他们精湛的学识和正直的为人，也是我受用一生的滋养。我还要感谢香港城市大学商学院市场营销系的苏晨汀老师、李娟老师，美国伊利诺伊大学香槟校区的方二老师，湖南大学工商管理学院的杨智老师在我攻读博士期间对我的关心和帮助。

感谢同窗张琴、张辉、刘洪深、杨立华、童泽林、刘红阳、周元元和王峰，感谢师弟牟宇鹏。他们的亲和友爱，给了我很多鼓励和帮持。

最后，我要深深地感谢父母、妹妹和爱人，他们给予了我无私的爱护和支持，给了我宽宏的理解和包容。他们鼓励和支持我按照自己的意愿生活，理解我以学术为业的志向。他们是我前行路上最坚强的后盾和最温暖的港湾。

周玲
2012年5月2日

武汉大学优秀博士学位论文文库

已出版：

- 基于双耳线索的移动音频编码研究 / 陈水仙　著
- 多帧影像超分辨率复原重建关键技术研究 / 谢伟　著
- Copula函数理论在多变量水文分析计算中的应用研究 / 陈璐　著
- 大型地下洞室群地震响应与结构面控制型围岩稳定研究 / 张雨霆　著
- 迷走神经诱发心房颤动的电生理和离子通道基础研究 / 赵庆彦　著
- 心房颤动的自主神经机制研究 / 鲁志兵　著
- 氧化应激状态下维持黑素小体蛋白低免疫原性的分子机制研究 / 刘小明　著
- 实流形在复流形中的全纯不变量 / 尹万科　著
- MITA介导的细胞抗病毒反应信号转导及其调节机制 / 钟波　著
- 图书馆数字资源选择标准研究 / 唐琼　著
- 年龄结构变动与经济增长：理论模型与政策建议 / 李魁　著
- 积极一般预防理论研究 / 陈金林　著
- 海洋石油开发环境污染法律救济机制研究 / 高翔　著
  —— 以美国墨西哥湾漏油事故和我国渤海湾漏油事故为视角
- 中国共产党人政治忠诚观研究 / 徐霞　著
- 现代汉语属性名词语义特征研究 / 许艳平　著
- 论马克思的时间概念 / 熊进　著
- 晚明江南诗学研究 / 张清河　著
- 社会网络环境下基于用户关系的信息推荐服务研究 / 胡吉明　著
- "氢-水"电化学循环中的非铂催化剂研究 / 肖丽　著
- 重商主义、发展战略与长期增长 / 王高望　著
- C-S-H及其工程特性研究 / 王磊　著
- 基于合理性理论的来源国形象研究：构成、机制及策略 / 周玲　著
- 马克思主义理论的科学性问题 / 范畅　著
- 细胞抗病毒天然免疫信号转导的调控机制 / 李颖　著
- 过渡金属催化活泼烷基卤代物参与的偶联反应研究 / 刘超　著
- 体育领域反歧视法律问题研究 / 周青山　著
- 地球磁尾动力学过程的卫星观测和数值模拟研究 / 周猛　著
- 基于Arecibo非相干散射雷达的电离层动力学研究 / 龚韵　著
- 生长因子信号在小鼠牙胚和腭部发育中的作用 / 李璐　著
- 农田地表径流中溶质流失规律的研究 / 童菊秀　著